DRA. L...

¡GANA LA BATALLA EN TU INTERIOR!

Métodos eficaces contra la depresión y la ansiedad

Unilit

Publicado por
Unilit
Medley, FL 33166

Edición: *Nancy Pineda*
Diseño de cubierta e interior: *producioneditorial.com*

Producto: 495948

ISBN: 0-7899-2545-1 / 978-0-7899-2545-9

Categoría: *Vida cristiana / Vida práctica / Autoayuda*
Category: *Christian Living / Practical Life / Self-help*

Impreso en Colombia
Printed in Colombia

DEDICATORIA

Dedico este libro a las personas más valientes que he conocido:

A cada uno de los pacientes que vinieron a la oficina de consejería. Sobre todo, a los que acudieron para vencer depresiones y ansiedades. Me dieron el hermoso privilegio de conocer a profundidad sus almas y poder aplicar la fusión de la ciencia, la espiritualidad y el amor. Gracias por permitirme ser testigo de que no hay victorias imposibles de alcanzar.

A todos los que están atravesando un profundo dolor emocional. Mi mayor anhelo es que en estas páginas puedan encontrar esperanza.

A cada una de las personas que se diagnosticaron con enfermedades de salud mental. Ustedes son guerreros en medio de las sombras. Espero que los métodos presentados y discutidos en este libro sean recursos útiles para que puedan ser, en esencia, felices por encima y más allá de todo lo que puedan estar viviendo.

A los familiares de todas estas personas. El amor de Dios siempre les cubrirá y les fortalecerá.

CONTENIDO

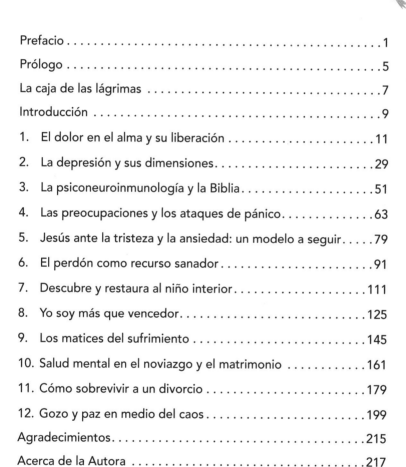

PREFACIO

Hay palabras, o conceptos, que repetimos de forma automática. Algunos son: amor, misericordia y empatía. No veo estas palabras de forma separada. Las veo como un producto final de las vivencias. Ante las experiencias de la vida, ¿nos hacemos fuertes frente a la adversidad o nos creemos víctimas? ¿Nos sensibilizamos ante el dolor del prójimo y usamos la misericordia que Dios tiene con nosotros como motor para mostrar compasión o cerramos los ojos para no ver?

Nacimos en un hogar donde se respiraba amor, mucho amor. Sin embargo, lo triste es que cada cierto tiempo se asomaba la angustia. Nuestro padre sufría crisis nerviosas producto de su esquizofrenia. Guardo recuerdos bien dolorosos de esas crisis. Primero en nuestra casa y luego en sus ausencias debido a las hospitalizaciones psiquiátricas. ¿Cómo olvidar las lágrimas de nuestra madre? Se le hinchaba el rostro de tanto llorar. Su amor por él era bien profundo. Esas separaciones les afectaban mucho a ambos. Nuestro papá trataba de recuperarse pronto. Estoy segura de que su gran amor hacia nuestra mamá y nosotros, sus hijos, lo motivaba a mejorar lo más rápido posible.

En esa época, no había muchas explicaciones. No se hablaba como ahora de diagnósticos de salud mental. Después de sus salidas del hospital era cuestión de tiempo para que llegara otra crisis. Comenzaba con días donde se ponía muy ansioso y noches de insomnio hasta que estallaba la bomba. Sus ojos tristes y su mirada profunda. Dicen que los ojos son el espejo del alma. Cuando lo miraba, sentía que su alma gritaba... ¡dolor! ¿Cómo no sentir compasión?

Recuerdo que durante esas crisis era cuando más nos acercábamos a Dios en oración. Al sentir un profundo sufrimiento, ¿a quién vamos si no es a Él? En los días tristes y noches oscuras es que buscamos más su rostro y aprendemos a depender más del Señor.

Hubo unos años de calma. Entonces, en la última hospitalización, el psiquiatra le advirtió que no podía dejar de tomar los medicamentos y así lo hizo. Nuestra madre siempre había sido la proveedora del hogar. Los últimos años que trabajó sufrió de mucha ansiedad y ataques de pánico. Se retiró de su trabajo y, de nuevo, una enfermedad mental hizo entrada a nuestro hogar: la depresión. ¡Qué cruel es esa enfermedad! Ella siempre había sido fuerte de carácter y ahora estaba deprimida. La veíamos triste, prácticamente encerrada en su cuarto, con bajo peso, pensamientos negativos recurrentes, preocupación constante y su total falta de esperanza de que fuera a salir de esa crisis. Todo se complicó porque no quería ir a buscar ayuda profesional para que la evaluaran y trataran. Le temía al prejuicio que existe con los pacientes de depresión.

Nuestro hermano, Antonio, estudió Medicina y cursaba su último año de Psiquiatría. Esto le brindaba los recursos para comprender lo que sucedía. Lis era adolescente y no tenía la madurez suficiente para entender la complejidad de lo que estábamos atravesando como familia. Con nuestro padre enfermo, ahora también se tambaleaba la figura estable que era nuestra madre.

Los hijos de Dios estamos convencidos de que todo lo que sucede en nuestras vidas tiene un propósito. Nuestro hermano dedicó toda su vida profesional a tratar con misericordia y empatía a sus pacientes, porque entendía muy bien el dolor de ellos y de su familia. Lis, siendo jovencita, se aferró a Jesús, nuestro Señor. Así que se percató que Dios estaba obrando en su vida y desarrollando una gran sensibilidad. La llenó de su amor y le enseñó a amar al prójimo. También se dio cuenta de que su vida se la dedicaría a Él, quien la dirigió a estudiar una carrera en el campo de la salud mental y a sanar personas con heridas emocionales. Antonio y Lis son un ejemplo de que en la vida no se trata de lo que nos pasa, sino de lo que decidimos hacer con esas experiencias. De modo que trasformaron el dolor de la enfermedad de nuestros padres en una misión de amor.

A pesar de vivir en un ambiente donde había enfermedades mentales, éramos felices. La valentía y el tesón de nuestra madre la mantenían en pie para que no careciéramos de nada, en especial de grandes dosis de afecto. El matrimonio de nuestros padres fue sólido. Ya en la vejez nuestra madre sufrió de demencia vascular y nuestro padre se volcó en atenciones hacia ella como muestra de que estaba agradecido por los años que lo apoyó y batalló con su propia enfermedad. Todo ese amor se expandió a nosotros tres porque nos amamos infinitamente.

Estoy segura de que el propósito de mi amada hermana Lis al escribir este libro es darles esperanza a los pacientes con depresión y ansiedad. Su gran anhelo es que todos veamos con ojos de amor, misericordia y empatía a esta población. Que no hagamos juicios sobre ellos, ni sobre sus familiares, que nos eduquemos e interioricemos que su batalla es fuerte, pero que se puede ganar.

Dalia Rubí Milland
Autora del libro *Te quiero mucho*

PRÓLOGO

Cuando supe del título de este libro y la relación con su autora, me pareció el ángulo cóncavo y convexo entre ambos. La Dra. Lis Milland ha sido amiga y colaboradora de nuestra emisora por más de quince años. En el transcurso de estos años la he visto enfrentar batallas gigantescas, como el diagnóstico de cáncer, para colmo de tiroides, que llegó hasta el nervio recurrente de la voz. Esto provocó que por meses su voz se apagara, cuando este era el instrumento primario para transmitir el hermoso conocimiento que Dios le ha dado como terapeuta de individuos, parejas y familias.

La voz de Lis Milland es dulce, produce calma y paz de manera inmediata. Capta la atención de sus oyentes para escuchar la medicina que sale de sus labios. Así que imaginen la enorme batalla que enfrentó al recibir el diagnóstico y la consecuencia de la pérdida de su voz, entre otras cosas. El Señor la sanó de manera milagrosa. No solo está libre de cáncer, sino que hoy en día su voz es más potente que nunca.

A pesar de esa batalla, nunca cerró su oficina de consejería. Tampoco puso en «ESPERA» su carrera profesional y ministerial, tanto en Puerto Rico como en Latinoamérica, donde Dios le había abierto puertas en cientos de iglesias y organizaciones para ministrar al corazón de la gente. Nunca dejó de venir a la emisora para hacer el programa radial, guiando a los radioescuchas a una terapia grupal nacional.

No le quito crédito al que habla de vivencias que no ha experimentado nunca en su vida. A mí me ha tocado hacerlo en charlas o predicaciones para transmitir un mensaje. Sin embargo, siempre hay algo que tengo clarísimo y es que quien habla sobre un tema de vivencias propias tiene un panorama más amplio de cómo es estar dentro de esas batallas, de cómo se ve la vida con la óptica profunda de haber estado allí y de la sensibilidad que se necesita para ser comprendido en el proceso. A fin de entender a otros inmersos en sus batallas, Lis Milland es como el cazahuracanes, pues ha estado dentro de los huracanes categoría cinco. Sabe muy bien lo fuerte que son los vientos y el peligro que representan para la vida misma.

La Dra. Milland enfrentó el diagnóstico de cáncer de su esposo, simultáneamente con el suyo, así que como creyente sabe lo que se siente a nivel de pareja manejar juntos las batallas. Nos ha confesado sus momentos más duros y de haber llorado mucho. Sin embargo, una voz en su interior nunca se apagó, la que le decía: «Lis, gana la batalla en tu interior». La voz del Espíritu Santo guio a Lis por el camino donde se ganan las batallas, donde puedes recibir sanidad de una autoestima herida, de una enfermedad catastrófica, de una codependencia, de unas carencias que te consumen, pero que Dios está enloqueciendo de amor para llenártelas todas y para demostrarte que Él es un Padre perfecto y siempre fiel.

Siéntate a leer este libro. Su autora tiene las credenciales académicas, los años de experiencia profesional y el conocimiento bíblico para hablarte de esas pruebas que nos mueven el piso. De esas vivencias fuertes de la vida que nos han hecho mucho daño y que parecen insuperables. Creo que la lectura de este libro te ayudará a cambiar la óptica cuando sientas que te estás rindiendo. Te dará esperanza donde pensabas que ya no la había.

Anímate, pues Lis Milland conoce muy bien cómo te sientes. Lo ha vivido como tú. Ya con sus batallas superadas, la autora te muestra los mecanismos que la ayudaron a ser hoy una mujer sanada de cáncer y, a la vez, sanada en su interior como hija de Dios. ¡Te invito a que ganes la batalla en tu interior!

Juan Carlos Matos Barreto
Presidente
Nueva Vida 97.7 FM & TV

LA CAJA DE LAS LÁGRIMAS

Hoy es viernes. Se completó una semana de terapias. Se acabaron los pañuelos desechables que secan las lágrimas en la oficina de consejería.

La caja está vacía... ¡pero está tan llena de liberación!

A veces no se escucha otra voz que no sea la que hablan las lágrimas, pues estas son el lenguaje del alma en dolor. Para mí no existen palabras más eficaces que ellas. Son las oradoras más elocuentes.

La mayoría, ya se habían manifestado en las noches más oscuras. En esas que son tan largas que parecen no tener fin.

El amanecer no se asoma, aunque el espíritu lo implora.

Algunas lágrimas tienen que ver con un trecho infinito. Vienen del pasado. Tienen una historia.

Ninguna persona merece las lágrimas de nadie. Y si las mereciera, no les haría llorar.

Hay unas lágrimas que hablan de alegría, de ilusión, de sueños cumplidos... otras hablan de traiciones, pérdidas, incertidumbres, tristezas, desamor.

Unas son por oraciones que no se han respondido. Otras son por la celebración de una plegaria convertida en realidad.

Cada lágrima les enseña grandes verdades a los pacientes... ¡y a mí también!

Ninguna de ellas avergüenza. Algunas cargan transformación. Y TODAS, todas, nos hacen ver a Dios.

Otra caja de lágrimas se pondrá en la mesita. Manos temblorosas pañuelos sacarán.

Aves volarán.

INTRODUCCIÓN

Sin lugar a dudas, estamos viviendo tiempos duros, críticos y turbulentos que han desencadenado en las personas crisis, inestabilidades, desesperanza, falta de ilusiones, desgano, pesadumbre, ansiedad, depresión y hasta deseos de no vivir. Esto representa un gran desafío para el alma, generando batallas internas profundas y muchas veces secretas.

Aun cuando las tensiones pueden venir del exterior, ninguna circunstancia logra vencerse de manera satisfactoria sin que primero le ganemos a las peleas de nuestro interior. La victoria total se da en un proceso similar al de las rosas cuando florecen: de adentro hacia afuera.

Este libro pretende brindar recursos útiles y prácticos para los momentos difíciles que atraviesa el alma. Se adentra en los pasillos más recónditos del ser interior, trayendo alivio y esperanza a la persona que batalla con la ansiedad o con la depresión. La intención no es más, ni tampoco menos, que el lector encuentre las fortalezas necesarias para mantenerse en pie de forma espiritual y emocional, aun cuando las circunstancias y las luchas quieren tumbarle al suelo.

¿Cómo podemos lograr que las pruebas, las pérdidas, las desilusiones, las traiciones, los rencores, las tormentas y los desafíos de la vida tengan un propósito más allá del dolor en el alma? A través de este libro, descubrirás la forma en que se transforman esas luchas en una plataforma de lanzamiento para el cumplimiento de nuestros propósitos en Dios.

La ansiedad y la depresión no tienen que ser lugares de permanencia. Son lugares de trascendencia. No son la zona para quedarse a acampar. Son la zona desde donde somos catapultados. Esto quiere decir ser lanzados de una forma gloriosa y más allá de lo que podamos imaginar.

Ningún hijo de Dios está destinado a perder la pelea contra la ansiedad y la depresión. Lo descubrirás en las fusiones transmitidas en esta lectura. Se trata de una combinación de lo que se establece en la Palabra de Dios, la discusión de casos de pacientes que he visto por más de veinte años como consejera profesional de líderes y ministros cristianos, la presentación de las técnicas más avanzadas dentro del campo de la psicología y las experiencias personales.

Como tú, soy una persona que ha luchado en la vida y ha sufrido. Estoy agradecida del Señor porque he descubierto la ruta del gozo y la plenitud. No necesariamente debido a que las circunstancias externas hayan sido las mejores, ni porque no hayan llegado malas noticias, ni porque situaciones hayan cambiado, sino porque he hecho un trabajo conmigo misma. Les puedo garantizar, de primera mano, que a ningún seguidor de Cristo se le ha vencido jamás en ninguna pelea, incluyendo las que provienen del ser interior.

¡Gana la batalla en tu ser interior! te guiará a comprender que, sin importar cuán desolada y desalentadora pueda ser nuestra realidad interna o externa, Dios es mucho más grande que nuestras crisis. Él es amor y te alcanzará, cubrirá, levantará y sanará. Ese profundo amor te hará ganar y, al final, podrás gritar con ambos brazos en alto: «¡Vencí en el nombre de Jesús!». Del valle de sombra de muerte te transportarán hacia una brillante victoria.

«No se inquieten por nada; más bien, en toda ocasión, con oración y ruego, presenten sus peticiones a Dios y denle gracias. Y la paz de Dios, que sobrepasa todo entendimiento, cuidará sus corazones y sus pensamientos en Cristo Jesús».
Filipenses 4:6-7

CAPÍTULO 1

EL DOLOR EN EL ALMA Y SU LIBERACIÓN

«Cuando cruces las aguas, yo estaré contigo; cuando cruces los ríos, no te cubrirán sus aguas; cuando camines por el fuego, no te quemarás ni te abrasarán las llamas».

Isaías 43:2

En la Navidad del año 2018 fuimos a una hermosa feria en Miami durante nuestro período de vacaciones por las festividades. Contemplábamos extasiados el fascinante entorno en el que sobresalían millones de luces destellantes en aquella imponente noche. Nuestros labios vestían sonrisas que se desbordaban en el rostro y llegaban hasta el corazón.

Hacía un año mi esposo y yo habíamos sobrevivido al cáncer cuando nos lo diagnosticaron de manera simultánea. Los dos escuchamos las palabras: «Tienes cáncer». Cuando se experimenta algo como eso, ya nada pasa inadvertido. Todo se valora y aprecia. Nunca más la vida pasa por uno, sino que uno pasa muy consciente por cada experiencia de la vida. Aun lo que antes parecía muy simple, ahora es lo más delirante del universo.

Una de las atracciones en la feria a las que entramos con nuestro hijo Adrián Emmanuel fue un laberinto. Las prioridades propias de un niño hicieron que corriera y entrara a ese fascinante mundo desconocido. Le dio miedo y, como una típica madre hispana, me vestí de concentración para protegerlo en medio de todas esas monótonas paredes que pretendían engañarnos. Así es el rigor de la vida; aun con sus bellezas existe la probabilidad de aparecerse un camino de puertas falsas.

En los laberintos de la vida puede llegar el temor de que no podremos lograr salir. A todos nos ocurre en algún momento. He escuchado a miles de pacientes en mi oficina de consejería referir que temen que el dolor en el alma nunca los abandonará, que las lágrimas no cesarán de derramarse, que los gritos nunca terminarán, que la angustia del interior no desaparecerá. Sienten que la puerta de salida de ese laberinto tan incierto jamás se encontrará. Es un laberinto de batallas, de conflictos sin respuestas y de angustia profunda. Se preguntan: «¿Alguna vez podré ganar la batalla en mi interior?».

Buena parte de nuestra existencia la podemos pasar en un laberinto. La vida se compone de momentos buenos y de otros con grandes desafíos. Esta gran verdad la reveló nuestro amado Señor Jesús cuando dijo:

> *«Yo les he dicho estas cosas para que en mí hallen paz. En este mundo afrontarán aflicciones, pero ¡anímense! Yo he vencido al mundo».*
>
> Juan 16:33

A menudo, estamos en esos pasillos anchos de bienestar, felicidad y libertad: cuando recibimos una buena noticia, cuando nos casamos, cuando llega a nuestra vida un hijo, cuando nos dan un ascenso en el trabajo, cuando logramos alcanzar una meta académica o ministerial. Sin embargo, a veces en la vida llega el zigzagueo de una mala experiencia y notamos lo que se siente al estar en el hoyo más profundo y sin mucha claridad de cómo vamos a salir de ahí.

El discernimiento es muy necesario en los laberintos de la vida para poder distinguir cuál puerta evitar a fin de no chocar y lastimarnos, y por cuál dirigirnos y encontrar la salida con la ayuda del Señor, que a la vez es una entrada a nuevas dimensiones.

El amor por mi hijo, para que se sintiera seguro, hizo que los complejos círculos se convirtieran en galerías rectas. Me mantuve firme, consciente de que quien escribe con valor en el alma de un niño a través de las experiencias, lo hará con un mensaje que quedará grabado por siempre. Al lograr salir, Adrián comenzó a llorar, mirándome con sus intensos ojos negros que parecen dos brillantes botoncitos. Era un llanto mezclado de liberación del temor con el alivio de que ya habíamos salido. Conozco esa sensación; ¿y tú la conoces? Es la que experimentan las personas cuando se liberan del dolor en el alma. Es la misma experiencia que tuvo que haber vivido el salmista cuando expresó:

«Aun cuando yo pase por el valle más oscuro, no temeré, porque tú estás a mi lado. Tu vara y tu cayado me protegen y me confortan».

Salmo 23:4, NTV

Creo que la sensación de liberación del dolor en el alma la conocieron muchos personajes bíblicos. Fueron tan humanos como nosotros y atravesaron laberintos de circunstancias de vida muy parecidos a los que experimentamos todos, y sintieron emociones muy semejantes a las nuestras. Daniel tuvo que haberla vivido cuando lo liberaron del foso de los leones. José cuando lo sacaron de la cisterna. Pedro cuando pudo salir de la cárcel. Jonás cuando lo expulsaron desde el vientre del gran pez. David cuando venció a Goliat. Los discípulos cuando se calmó la tempestad. La mujer del flujo de sangre cuando se sanó de su enfermedad. Marta y María cuando vieron a su hermano Lázaro salir de la tumba. Al igual que estos personajes se libraron de sus laberintos, nosotros podemos liberarnos también.

Cuando ya estábamos totalmente afuera del laberinto en la feria, mi hijo me dijo con voz autoritaria: «Mamá, vamos a pasar por el laberinto otra vez». Ha estado rodeado de personas que le han enseñado a no rendirse y a seguir intentándolo. Frente al dolor emocional hay que grabar esto en el fondo de nuestro ser: Aunque pueda parecer que los quebrantos procuran desbaratar la vida, no lo lograrán. Hay que seguir luchando una vez más. Creyendo la promesa del Señor:

> *«Nunca te dejaré; jamás te abandonaré».*
>
> Hebreos 13:5

En esa segunda ocasión, cuando salimos del laberinto, ¡Adrián salió riendo a carcajadas y dando saltos de alegría! Es que cuando ya sabemos que Dios nos salvó una vez, tenemos total convicción de que lo podrá volver a hacer y de una forma más gloriosa que la vez anterior. Dios lo hará de nuevo. Verás su fidelidad. A veces no sabemos cuáles serán sus estrategias, ni el tiempo preciso. Sin embargo, Dios lo hará otra vez. Ya lo dice la Biblia:

> *«La gloria postrera [...] será mayor que la primera, ha dicho Jehová de los ejércitos; y daré paz en este lugar, dice Jehová de los ejércitos».*
>
> Hageo 2:9, RVR60

SUMERJÁMONOS EN LAS PROFUNDIDADES DEL DOLOR EMOCIONAL

Sentir dolor es algo que no le gusta a nadie. Probablemente cuando pensemos en el dolor lo hagamos en un dolor de tipo físico, en heridas o enfermedades. No obstante, también existe otro tipo de dolor que todos hemos sentido en algún momento y que nos genera un gran sufrimiento: el dolor emocional que pueden causarnos nuestras vivencias o la falta de estas.

Cuando el dolor emocional domina la vida de una persona, provoca que se aleje de la felicidad y que viva con profundas insatisfacciones. Según algunos estudios, la depresión clínica está diez veces más alta en la actualidad que hace cien años atrás. La Organización Mundial de la Salud ya había pronosticado que en el 2020 la depresión se convertiría en la segunda causa de las enfermedades en el mundo.

El dolor emocional es una de las peores cosas que se experimentan. Podemos tomarnos una pastilla para lidiar con un dolor físico, pero no existe ningún medicamento que «cure» el dolor emocional. No podemos evitar sentirlo, pero sí podemos decidir que no regirá nuestra vida.

Entonces, ¿cuáles son los dolores emocionales más comunes que veo en mis pacientes?

1. Carencias psicológicas del niño interior

«¿Puede una madre olvidar a su niño de pecho, y dejar de amar al hijo que ha dado a luz? Aun cuando ella lo olvidara, ¡yo no te olvidaré!». (Isaías 49:15)

La forma en que nos sentimos con la vida, en cómo nos vemos a nosotros mismos y gran parte de nuestras emociones en la adultez pueden estar relacionadas a experiencias de nuestra historia, sobre todo las que se tuvieron durante las primeras etapas. Se considera que casi todas las situaciones emocionales complejas de la vida adulta tienen como raíz asuntos de la niñez que no están resueltos. Las experiencias de la infancia marcan nuestra personalidad.

En muchos casos, ya contando con un cuerpo adulto, puede haber unos comportamientos que responden a las carencias psicológicas del niño interior. Cuando los dolores de la niñez no se han resuelto y surgen en la adultez, genera toda una serie de síntomas como culpa, temores, inseguridades, vergüenza, depresión, ansiedad, adicciones, pobre autoestima y conductas autodestructivas, entre otras. Han sido muchas las veces, en la oficina de consejería que, cuando las personas no han podido entender sus depresiones y ansiedades basadas en sus experiencias presentes, hemos encontrado las respuestas en el niño interior.

Hay quienes tuvieron una niñez feliz, pero entiendo que esa no es la realidad en la mayoría de las personas. Por eso te invito a que en este instante te conectes con los recuerdos más significativos de la niñez. Es posible que logres conectar algunas angustias presentes con las vivencias que tuviste en esas primeras etapas. Cada una de dichas vivencias atravesadas, ya sean a nivel consciente o inconsciente, tiene un impacto, nos marca y nos predispone a nuestros estados anímicos de la vida adulta. Quizá esas experiencias las vivieras con mamá, papá, abuelos, tíos, primos o con cualquier otra persona significativa. No te reprimas en este momento. Deja que fluyan las memorias. Cuando se reprimen los sentimientos, en especial la ira y los temores, físicamente eres adulto, pero por dentro permanecerá el niño interior herido. Sin lugar a dudas, todas las experiencias dejan huellas, y se manifiestan en la forma en que nos sentimos y nos comportamos.

Cuando el niño interno está herido, sintiéndose con carencias emocionales y afectivas, impacta al adulto con anhelos que puede ser incapaz de satisfacer. Esto los lleva a tornarse asfixiantes en sus relaciones interpersonales, lo que los introduce en un ciclo con dependencias emocionales enfermizas, abonando la depresión y las ansiedades intensas.

Puedes librarte en sanidad y restauración de los efectos de las desafortunadas experiencias que tal vez tuvieras en la niñez. ¡Nunca es tarde para lograrlo!

He sido testigo de cómo muchas personas han podido librarse de los recuerdos dolorosos de la infancia y lograr una reinterpretación de las experiencias que atravesaron en esa etapa, aun de las más duras. Esto se obtiene a través del perdón, el entendimiento, tomando la decisión de dejar la historia de dolor y desvestirse del traje de víctima para colocarte el de sobreviviente.

2. Sobrevivencia al abuso

«En mi primera defensa, nadie me respaldó, sino que todos me abandonaron. Que no les sea tomado en cuenta. Pero el Señor estuvo a mi lado y me dio fuerzas». (2 Timoteo 4:16-17)

Nuestra personalidad y la forma en que vemos la vida se han formado en gran medida según las relaciones que hemos tenido a lo largo de nuestra historia, sobre todo las que hemos tenido en el seno del hogar de origen y otras relaciones importantes como son las de pareja. Las figuras significativas transmiten los valores, la forma en que nos vinculamos y también nos proporcionan un cúmulo de experiencias importantes.

Algunas vivencias son hermosas y dignas de recordar, pero otras son duras y angustiantes, como el abuso en cualquiera de sus manifestaciones: emocional, físico, sexual, rechazo o abandono. Existe una relación directa entre lo que es haber sobrevivido al maltrato y desarrollar depresiones o trastornos de ansiedad.

Los traumas del abuso tienen una manera de quedarse en nuestras mentes. Los recuerdos pueden llegar de forma automática aunque no los busquemos conscientemente. Muchas veces podemos estremecernos ante los recuerdos. En algunos casos, estas memorias pueden presentarse de forma más frecuente de lo que la persona quisiera. En el proceso de consejería, he escuchado a una gran cantidad de pacientes decirme que quisieran apagar o borrar esos recuerdos.

Borrar lo que hemos vivido a lo largo de nuestra historia no es posible, pero creo firmemente que podemos ser libres de manera emocional y espiritual de los efectos del abuso para ser felices en el presente. Luego, lo que es más importante, seguir adelante en los grandes y extraordinarios planes que el Señor tiene para cada uno de nosotros.

Los dolores emocionales que se acarrean al ser víctimas de abuso son muy reales. De modo que a menos que se tenga la valentía para destaparlos, enfrentarlos y sanarlos, pueden tener un impacto muy fuerte y duradero en nuestras vidas. A medida que te vayas adentrando en estas páginas descubrirás cómo hacerlo.

He conocido a miles de personas que en el presente lo tienen todo para ser felices, pero debido a que no han podido restaurarse del abuso experimentado, no disfrutan de bienestar, plenitud ni paz. Estoy agradecida del Señor por la valentía de muchas personas que han ido a mi oficina de consejería, talleres de sanidad interior o conferencias con la intención de resolver sus historias de dolor. Yo misma también he tenido asuntos que resolver como consecuencia de actos de personas que me dañaron y lastimaron. Me siento bendecida porque me considero un milagro de Dios. No me puedo imaginar lo que sería mi vida hoy día si no hubiera perdonado y sanado; es probable que estuviera viviendo en amargura y con muchas ataduras.

Entre los efectos emocionales del abuso encontramos los siguientes:

- **Ira:** Las personas que fueron víctimas de abuso suelen experimentar ira por lo que han sufrido de manera injusta. Esa ira se puede manifestar a lo largo de la vida y proyectarse en diferentes relaciones interpersonales.
- **Desesperanza:** Esta es la sensación de que nada bueno sucederá, ni en el presente ni en el futuro.
- **Miedo:** Los sobrevivientes de abuso pueden crear todo tipo de temores, incluyendo fobias. Desde el punto de vista psicológico, el miedo puede paralizar a una persona y estancarla cuando gobierna su vida.
- **Complejos:** Una persona maltratada tiene la tendencia a sentirse insegura consigo misma y a compararse con los demás.
- **Desconfianza:** Hay suspicacia y temor de que, tarde o temprano, las demás personas les van a fallar o a dañar.
- **Sentimientos de culpa:** Suele asomarse la creencia de que la víctima tiene la responsabilidad por el abuso. Nada más lejos de la verdad.

- **Perfeccionismo:** Podemos entrar en frenesíes de cumplir a cabalidad y a la perfección con todos nuestros papeles buscando la aprobación y admiración de los demás.
- **Amargura:** Cuando existe el dolor de la raíz del abuso en cualquiera de sus manifestaciones, la percepción de la vida puede volverse amarga.
- **Sentimientos de inferioridad:** Puede existir la sensación de que no somos tan buenos como otras personas y que caigamos en la comparación con la idea de que los demás son superiores a nosotros.
- **Actitud defensiva:** Con frecuencia las personas sobrevivientes de abuso pueden tornarse agresivas como una forma de protección, pues permanecen vivos los sentimientos de maltrato.
- **Escapismo:** Cuando el dolor emocional es agudo y latente, se pueden buscar mecanismos para escapar como lo es el abuso de alcohol y drogas, y la adicción a las compras, al trabajo, a la tecnología, a las redes sociales, al juego o a la comida.
- **Envidia:** Puede haber un impulso de querer lo que tienen otras personas. Con facilidad podemos resentirnos por las bendiciones de otros y ser infelices si no las tenemos de la misma manera que ellos.
- **Juicios:** Cuando hay una pobre autoestima como resultado del abuso, se puede presentar un comportamiento en el que se critica constantemente a los demás, a fin de desviar su pobre insatisfacción personal.
- **Sentimientos de fracaso:** Puede ser que nos consideremos a nosotros mismos como unos fracasados, aunque las circunstancias y nuestros logros reflejen todo lo contrario.

Vivir estancados en el dolor del abuso evita que disfrutemos el tipo de vida que Dios quiere que tengamos. El mundo está lleno de demasiadas personas insatisfechas, frustradas, cansadas, desmotivadas, sin esperanza y que no se sienten realizadas.

En gran parte, esto se debe a que quizá estén permitiendo que el dolor del abuso tome las riendas de sus emociones y sus estados de ánimo. Te exhorto a que no lo permitas, y si ya lo has hecho, hoy mismo puedes comenzar a rectificarlo. La primera etapa para lograrlo es que tomes la decisión de que no quieres vivir más así. En este instante repite conmigo: «Decido liberarme del yugo del abuso para ser feliz».

3. Cuando llegan las pérdidas

«Los que sembraron con lágrimas, con regocijo segarán». (Salmo 126:5)

Las pérdidas son parte del camino de la vida. ¿Quién no las ha experimentado? Todos las hemos vivido. Las pérdidas son inevitables, pero vivir en estado de aflicción por ellas es una decisión. Con el pasar del tiempo se suele comprender con mayor claridad que las pérdidas vividas son piezas de un rompecabezas muy grande que aún no conocemos cuando estamos pasando por el punto rojo del dolor. Puede ser que en este momento necesites estas palabras: «Lo que no comprendes ahora, lo vas a entender después».

Suele ser una experiencia de gran revelación y madurez espiritual cuando pasamos por pérdidas. Lo puedo testificar de primera mano porque he atravesado pérdidas muy duras como: la muerte de mis padres con ocho meses de diferencia entre una y otra, la pérdida de un matrimonio en mi juventud, la pérdida de la autoestima después de ese divorcio, la pérdida de bienes materiales por un fuego en mi casa, la pérdida de la salud de mi esposo cuando lo diagnosticaron con cáncer, la pérdida de un potencial embarazo y la pérdida de mi salud hace cuatro años atrás cuando sobreviví al cáncer, solo por mencionar algunas.

Estoy agradecida del Señor por cada una de las vivencias en las que he sufrido por todo lo que he aprendido. Me han revelado aspectos del carácter de Dios que no conocía y me han contactado con fortalezas internas de las que no era tan consciente. Por sobre todas las cosas, las agradezco porque me permiten ser empática con cada uno de mis pacientes y con las personas que tengo el privilegio de ministrarles sanidad interior.

Es de suma importancia que nos concentremos más en las bendiciones que tenemos en la vida, en lugar de aferrarnos a las pérdidas. Es maravilloso descubrir y agradecer todas las cosas y experiencias extraordinarias que disfrutamos. En este preciso instante puedes identificar todas las cosas estupendas que te rodean, y las maravillosas personas que amas y que te aman.

Por cada lágrima derramada, hay una risa que florece en el espíritu por lo que estamos ganando en el proceso de pérdida. Nunca olvides esto: en cada pérdida hay ganancias. Lo que sucede es que cuando el alma llora por lo que está perdiendo, el espíritu está riendo muchísimo por la ganancia adquirida. Entonces, el secreto está en descubrir cuáles son esas ganancias en medio de las pérdidas.

Cuando las cosas van bien, y casi a pedir de boca, nos sentimos satisfechos y felices. En cambio, estoy convencida que el sentido de la vida no tiene que perderse cuando nos enfrentamos a los más crudos inviernos. Lo cierto es que de ahí pueden manifestarse las más deslumbrantes primaveras.

Un fundamento para lograr la estabilidad en medio de las pérdidas es mantener activa la gratitud y la confianza en el Señor. He aprendido a dar gracias y a depender del amor de Dios para bendecir cada una de las experiencias que me ha tocado vivir, y derivar lo mejor que me traen para crecer como persona y ministra del evangelio de Jesucristo. No es fácil, pero deseo con todo mi corazón que puedas lograrlo.

Te recomiendo que todos los días expreses gratitud por el milagro de la vida, más allá del dolor de las pérdidas, y verás que es una de la formas de disfrutar de la victoria que se pagó para ti en la cruz del Calvario. Agradece por todo lo que tienes y por lo que no tienes. Por quienes están y por quienes se fueron. Por la salud y por el milagro de tu curación. Por la abundancia y por la escasez. Por la petición contestada y por la que aún no se ha manifestado. En cualquier tipo de pérdida siempre hay asuntos profundos implicados y la gratitud es una forma de ponernos en contacto con ellos. Cuando damos gracias, nos conectamos con lo mejor y más valioso de los procesos.

4. Pobre autoconcepto

«Tú creaste mis entrañas; me formaste en el vientre de mi madre. ¡Te alabo porque soy una creación admirable! Tus obras son maravillosas, y esto lo sé muy bien». (Salmo 139:13-14)

Una baja autoestima es aliada de experimentar una forma de vida que se aleja por completo de lo que es el anhelo del corazón de Dios para sus hijos. Lo triste y lamentable es que el mundo está lleno de personas con un pobre autoconcepto: inseguras, acomplejadas, con poca satisfacción personal, que no han podido ver lo extraordinarias que son y que no se valoran a sí mismas.

Cuando permitimos que las experiencias negativas del pasado y del temor al rechazo de otras personas determinen nuestros estados anímicos, nos sentiremos infelices. También estaremos confundidos, y tendremos una sensación de frustración constante. Es imposible estar contento con la vida si estás inconforme contigo mismo, si no te amas lo suficiente y te rechazas.

Como creyentes en Jesucristo, tenemos el privilegio de la herencia de una identidad que nos ha dado Él. Cada vez que seas consciente de un bajón en tu autoestima, recuérdale a tu alma sobre esa identidad que tienes en Cristo, aunque los mensajes directos o indirectos de gente que ha sido significativa te hayan gritado lo contrario. Según la Palabra de Dios, tú eres:

- su hijo
- embajador de Cristo
- heredero
- amado
- creación perfecta
- escogido
- bendecido
- sellado para gloria
- vencedor
- la niña de los ojos de Dios
- linaje escogido
- libre en Cristo
- perdonado
- justificado
- redimido
- una nueva criatura

Saber lo especial y valioso que eres para Dios y que Él tiene un plan maravilloso para tu vida, te capacitará para conectarte con tu verdadero diseño, sin importar los mensajes que te hayan dado sobre ti mismo las experiencias o las personas. Cuando nos alineamos con la opinión que Dios tiene de nosotros, comenzamos a liberarnos del dolor emocional de un pobre autoconcepto.

Puede ser que te hayas enfrentado en la vida con diferentes experiencias que te hayan hecho sentir que no vales, que no sirves, que no eres suficiente ni que eres digno de recibir amor. No permitas que sigas arrastrando un sentimiento de rechazo por los comportamientos que tuvieron otras personas contigo. Entiendo muy bien que para mí es fácil escribírtelo y que para ti debe ser un gran desafío lograrlo. Puede ser que hayas intentado sanar tu autoestima por años y que esto te causara una gran herida. Respeto y valido tu dolor.

El dolor emocional de un pobre autoconcepto es uno de los más agudos que puede experimentarse. La buena noticia es que nunca es tarde para comenzar a amarnos a nosotros mismos y gustarnos. Si Jesús te amó lo suficiente como para morir por ti, nunca debes menospreciarte, criticarte ni desvalorizarte. El precio pagado por ti fue bien alto debido a lo especial que eres.

5. Crisis de fe

«Nosotros amamos a Dios porque él nos amó primero». (1 Juan 4:19)

Hasta cierto punto se considera normal que en la experiencia de la fe se tengan dudas, incertidumbres y una serie de preguntas formuladas como resultado de estar inmersos en las crisis que atravesamos en este viaje terrenal. En algún momento dado, todos nos podemos replantear nuestras creencias, y esto es un asunto esperado como parte de nuestra reflexión e introspección en la vida. Al final, el hecho de tener una crisis de fe puede tener un resultado positivo. Toda fe que llega a ser madura ha pasado por estos instantes de vacilación.

Mediante la experiencia de mi propia relación con Dios, y en la intervención con otras personas, me he dado cuenta de que un alto por ciento de la gente, ya sea de manera vaga o de una forma más intensa, han pasado por crisis espirituales. Hay quienes pueden pensar que Dios les ha fallado, que no ha cumplido lo que les ha prometido, que no contesta sus peticiones, que tiene hijos favoritos, que no les ama, que se siente enojado con ellos o hasta dudan de su existencia.

Es absolutamente extraordinario vivir en la realidad de que podemos ser libres de las crisis espirituales y que siempre hay espacio para la reconciliación con Dios, pues la forma en que nos ama provee los medios hacia este fin. A través de la gracia de Dios podemos ver en acción su intención continua de relacionarse con nosotros mostrándonos su misericordia, perdón y poder infinito.

¡La misericordia de Dios es nueva cada mañana! Es un regalo maravilloso que nos permite vivir en libertad. Cuando la percepción de Dios se distorsiona y la crisis de fe se basa en la creencia de un Dios punitivo, sádico y castigador, abrimos la puerta a nuestro deterioro emocional. Como resultado, esto puede ser un factor precipitante de depresiones o ansiedades clínicas.

En los procesos de restaurar la fe, se debe llegar a un punto donde se diga: «No entiendo ciertas cosas que han ocurrido en mi vida, pero confío en ti, Señor». Debemos soltar todo tipo de amargura, y eso incluye la que podamos tener sobre Dios. Nuestra primera meta debe ser la de desarrollar una relación con Dios basada en su amor por nosotros y en el nuestro por Él.

 ## Oración

Amante Dios y Padre celestial:
Delante de ti presento mi vida. Todo mi ser te pertenece. Mi alma se abre por completo a fin de ser llena de tu amor, paz, bienestar, fortaleza, sanidad y liberación. Estoy firme para entregarte mis temores, inseguridades,

heridas, recuerdos dolorosos, miedos, angustias, incertidumbres y hasta la falta de fe. Cuando me invada el dolor emocional, decidiré confiar en ti. Cuando mis pensamientos sean unos llenos de agobio, decido entregártelos a ti. Cuando a mi puerta toque la tristeza, decido ser vivificado en ti. Cuando la ansiedad haga su entrada, decido sustituirla por la experiencia de tu paz que sobrepasa todo entendimiento. Confío en ti. Tu gracia es suficiente y me llena de la fortaleza que necesito. Por encima y más allá de los golpes que le infligieron a mi alma, escojo ser libre. En el poderoso nombre de Jesús, amén.

Afirmaciones

Te invito a que repitas las siguientes afirmaciones:

- Hoy decido ser feliz.
- Soy valioso.
- Soy amado.
- Creo en Dios y creo en mí.
- Soy perseverante.
- Soy alegre.
- Soy fuerte.

Tus propias afirmaciones

_____
_____
_____
_____
_____
_____
_____
_____

Ejercicios para contestar, reflexionar y aplicar

1. Según tus experiencias, ¿cómo defines el dolor emocional?

   _____

   _____

   _____

   _____

2. Escríbele una carta de sanación y liberación a tu niño interno en la que le brindes mensajes de aliento y restauración respecto a las siguientes experiencias:

   Abandono:

   _____

   _____

   _____

   _____

   Rechazo:

   _____

   _____

   _____

   _____

   Maltrato:

   _____

   _____

   _____

   _____

3. Enumera cinco pérdidas que tuviste en la vida y, luego, transfórmalas en ganancias.

Pérdidas:

a. _____

b. _____

c. _____

d. _____

e. _____

Ganancias:

a. _____

b. _____

c. _____

d. _____

e. _____

4. Contesta: ¿Cómo puedo fortalecer mis estados anímicos reforzando mi autoestima y amándome a mí mismo en forma más
madura?

_____

_____

_____

_____

5. Identifica si has tenido crisis de fe a lo largo de tu vida y explica
cuáles fueron las lecciones que derivaste de esas experiencias.

_____

_____

_____

_____

CAPÍTULO 2

LA DEPRESIÓN Y SUS DIMENSIONES

«El Señor es refugio de los oprimidos; es su baluarte en momentos de angustia».
Salmo 9:9

La depresión es uno de los mayores retos que se afrontan en nuestra sociedad actual. Es una enfermedad grave que afecta a la gente en su modo de sentirse y en su forma de pensar. Puede ocurrirle a cualquier persona, ya que no discrimina por razones de edad, género, clase social, ni religión. Es la causa de que miles de personas mueran a diario. Durante el año 2020, más de un millón de personas se suicidaron. Los clínicos conocemos de primera mano que más del 95 % de las personas que se suicidan es porque están deprimidas.

La depresión es una de las causas principales de incapacidad en los Estados Unidos. El tipo de depresión que más se diagnostica es la depresión mayor. La padecen alrededor de 17,3 millones de personas mayores de 18 años. Según datos del Centro Nacional de Estadística de Salud Mental (NCHS, por sus siglas en inglés) en asociación con la Oficina del Censo del 2020 se le preguntó a un total de 108 763 personas mayores de 18 años sobre su salud mental. De acuerdo a los resultados, la minoría hispana es la que presenta mayores señales de trastornos emocionales derivados de la crisis del coronavirus. En general, el 24 % de los consultados reveló síntomas clínicamente significativos de trastorno depresivo mayor y el 30 % reveló síntomas de trastorno de ansiedad generalizada.

SEÑALES O INDICIOS DE LA DEPRESIÓN

Hay muchas preguntas que las personas tienen sobre la depresión, sus causas y cómo vencerla. La tristeza es un estado de ánimo normal. Todos nos hemos sentido tristes en la vida ante diferentes situaciones que hemos afrontado. Forma parte del espectro emocional de las personas. Sin embargo, cuando nos adentramos en la depresión, es otra cosa.

La depresión es un sentimiento prolongado de tristeza y desánimo que, a la vez, va acompañado de la incapacidad de sobreponerse a los problemas de la vida debido a la falta de esperanza. Quien está deprimido es incapaz de enfrentarse a situaciones comunes que pueden superarlas con bastante facilidad las personas que no están deprimidas.

La tristeza se convierte en depresión cuando la persona se vuelve incapaz de afrontar su día a día. Es cuando las emociones le limitan y los sentimientos depresivos duran más tiempo de lo normal. La persona que está atravesando por depresión enfrenta diferentes síntomas, tanto físicos como emocionales. No tiene que presentarlos todos. En cambio, si la persona está presentando la mayoría de estos síntomas por dos semanas o más, es una depresión mayor o severa.

¿Cuáles son los síntomas físicos de la depresión?

- Alteración en los patrones de sueño.
- Cambios en los patrones alimentarios.
- Debilidad física.
- Dolores musculares.
- Temblores o sacudidas.
- Mareos.
- Fatiga.
- Pérdida de energía.
- Problemas digestivos.
- Pérdida de interés en el sexo.

- Problemas del corazón.
- Dificultad para respirar.

¿Cuáles son los síntomas emocionales de la depresión?

- Pensamientos negativos.
- Tristeza.
- Llanto frecuente.
- Dificultad para concentrarse.
- Pérdida de memoria.
- Incapacidad para tomar decisiones.
- Autocríticas.
- Pensamientos de muerte o suicidio.
- Autocompasión.
- Baja autoestima.
- Falta de esperanza.
- Culpabilidad.
- Irritabilidad.
- Temores.
- Ansiedad.
- Preocupación.

DIFERENTES TIPOS DE DEPRESIÓN

Cuando asisto a los medios de comunicación para hablar del tema de la depresión, una de las preguntas más comunes que me hacen es si existen diferentes tipos. La respuesta es que sí. Es muy importante que conozcamos esta información. Recordemos que el conocimiento nos da poder y nos provee recursos. Por eso la Biblia dice: «Mi pueblo perece por falta de conocimiento» (Oseas 4:6, BLPH).

Entonces, ¿cuáles son los diferentes tipos de depresión? Veamos.

1. Episodio depresivo mayor/menor

Este tipo de depresión es el que atiendo con mayor frecuencia en mi consultorio. Debemos pensar en él ante la aparición de síntomas como tristeza prolongada, pesimismo, ansiedad, irritabilidad, apatía, embotamiento afectivo, empeoramiento matutino, disminución marcada del interés y de la capacidad de disfrutar, sentimientos de inutilidad e ideación de culpa, baja autoestima, pensamientos recurrentes de muerte, pérdida de apetito, disminución de peso, alteraciones del sueño, entre otros. Como estas emociones pueden ser comunes, la clave y lo fundamental es explorar si la persona se ha sentido de esta forma por más de dos semanas consecutivas.

2. Depresión enmascarada

Este es el tipo de depresión con mayor dificultad para su detección. La persona puede llevar mucho tiempo en depresión, y no se ha dado cuenta o se lo niega. Los síntomas afectivos o emocionales no se expresan de forma espontánea; incluso, se pueden negar al preguntarle por estos. En casos así, predominan los síntomas somáticos o corporales como: dolores físicos, alteraciones gastrointestinales a modo de sequedad de boca, estreñimiento o diarrea. Pueden aparecer úlceras y problemas respiratorios, siendo el más común la sensación de ahogo. Dificultades sensoriales como mareo, vértigo y temblores. Algunos presentan molestias al orinar, ausencia de la menstruación e impotencia sexual. Dios nos creó de forma tan sabia que el cuerpo comunica lo que sucede en nuestras emociones como un sistema de alerta. Hay una conexión directa entre los asuntos psicológicos y la forma en que reacciona nuestro cuerpo. Esto nos recuerda lo que dijo el salmista: «Mientras callé, se envejecieron mis huesos en mi gemir todo el día» (Salmo 32:3, RVR60).

3. Depresión con síntomas psicóticos

Esta es una de las depresiones más complejas de comprender. Junto a los síntomas del episodio depresivo están presentes ideas delirantes o alucinaciones. Las ideas delirantes están en consonancia con el estado de ánimo, e incluyen asuntos de pecado, culpa, ruina o catástrofes inminentes. Esta forma de depresión es especialmente complicada por el contenido de las ideas delirantes. El terapeuta debe tener mucho discernimiento en cuanto a si lo que presenta el paciente es por asuntos emocionales médicos o si son aspectos espirituales.

4. Trastorno bipolar

Los trastornos bipolares son un grupo de trastornos afectivos caracterizados por la presencia de episodios reiterados en los que se alterna el ánimo deprimido con episodios de exaltación. Sus cambios suelen ser marcados y extremos. Las personas con bipolaridad sufren mucho. He sido testigo cientos de veces de lo complicado de este diagnóstico tanto para el paciente, a quien muchas veces se le hace muy difícil aceptar la condición, como para sus familiares.

5. Trastorno distímico

Este tipo se parece a una forma de depresión mayor menos severa, pero más crónica porque es continua. El trastorno distímico, o distimia, es un tipo de depresión en la que los síntomas se manifiestan de forma permanente durante un período prolongado. A veces puede llegar a sentirse bien durante días, incluso semanas, pero enseguida vuelven a reaparecer los síntomas, estando la mayor parte del tiempo cansado y deprimido. Por lo general, se inicia en la edad adulta. La familia requiere mucha paciencia. A los que sufren de depresión distímica los suelen juzgar y reciben a menudo comentarios como: «Tú te quieres sentir así», «No tienes suficiente fe», «Estás endemoniado», «Lo que tienes son bobadas», «Eres débil de carácter», «Te has atado al sufrimiento», entre muchos otros, que están muy lejos de lo que es la realidad médica del paciente.

6. Trastorno adaptativo con estado de ánimo depresivo

Este es un trastorno bastante frecuente. Se caracteriza por la aparición de síntomas emocionales, ánimo depresivo, tristeza, llanto, desesperanza, en respuesta a un acontecimiento estresante. La depresión es resultado de un trauma. Casi siempre el evento es de tipo inesperado. Los eventos más comunes que veo en mi práctica que conducen a este tipo de depresión son: la muerte de alguien cercano, un divorcio, una crisis matrimonial, problemas en el trabajo, asistir a una nueva escuela o un evento atmosférico como un huracán o un terremoto.

7. Depresión posparto

Es una depresión que puede ir de moderada a intensa. La experimentan muchas mujeres después de dar a luz. Puede presentarse poco después del parto. Lo que refieren como síntomas principales son: cambios en el estado de ánimo, ansiedad, llanto, irritabilidad, pérdida del apetito o dificultad para dormir. Casi siempre estos síntomas desaparecen en unos días o en una semana. La mayoría no presenta síntomas tan graves como para tener que cumplir con algún tipo de tratamiento.

«ESE DIAGNÓSTICO NO TE DEFINE»

Muchos pacientes de salud mental se enfocan en los síntomas de la condición que padecen y sufren día tras día incluyendo males como la depresión, ansiedad, insomnio, irritabilidad, pobre control de impulsos, desgano hacia la vida y hasta llegan a sentirse que están en el «fondo del abismo». Sin embargo, en el mundo que les rodea yace un tesoro más allá de todo eso. Ningún diagnóstico define la totalidad de quién es esa persona. Ningún diagnóstico en el mundo le puede quitar su belleza como individuo y su integridad como ser humano.

Son muchas las ideas equivocadas sobre la depresión, y son demasiados los pacientes que sufren por los estereotipos y los mitos acerca de ella. Los diagnósticos emocionales no son una elección y nadie desea sufrirlos. A continuación te presento el escrito de uno de mis geniales guerreros. Es uno de mis pacientes activos, quien nos relata esta revelación de su alma maravillosa:

«Soy Agustín», paciente bipolar Tipo I, según el DSM-5, el Manual de Diagnóstico. Fui diagnosticado hace alrededor de cinco años, aunque haciendo retrospección, venía padeciendo síntomas desde mucho antes, pero como era funcional, no presentaba problema. No es hasta que los síntomas comenzaron a afectar mi vida que recurrí a buscar ayuda, lo cual es importante tener en mente para todo aquel que sufre de algún problema o síntoma de salud mental. El primer gran paso es no sentir, ni tener vergüenza, en buscar ayuda profesional.

Los de mi entorno se daban cuenta que algo no andaba bien, me notaban cansado y melancólico todo el tiempo. En definitiva, visité al psiquiatra por una depresión que traslucía de severa a moderada y comencé un tratamiento para la depresión. ¿Saben qué pasó? Acto seguido, me fui en un episodio «maníaco» que duró un poco más de meses. Este es uno de los indicadores, aunque no el único, para el diagnóstico de la bipolaridad Tipo I, dado a que una persona común no tiene este síntoma mientras está en un tratamiento de antidepresivos. En mi caso, el episodio «maníaco» se caracterizó por estados eufóricos, con exceso de energía, mucha actividad física, acompañados de poco o ningún sueño o descanso, gastos irresponsables, exceso de ideas, actividades de riesgo, entre otros. Estos síntomas se pueden manifestar de forma diferente en cada paciente. No quiero abundar en los detalles, pero creo que con decirles que estoy vivo de milagro es suficiente para describir la gravedad de estos episodios. A través del tiempo, han sido necesarias varias hospitalizaciones, cambios de medicamentos y consejería profesional, hasta encontrar lo que llamo el «equilibrio». Mantener el «equilibrio» supone un proceso permanente, porque hay que ir ajustando y calibrando medicamentos y terapias.

*Con la premisa anterior, quiero decir que soy paciente de una condición de salud mental severa como otros muchos, pero al mismo tiempo que no estamos solos y que hay remedio. Aceptarlo me tomó tiempo, **pero a fuerza de cantazos he entendido que aunque padezca de una condición severa que me acompaña, tengo que entender que esta no define quien soy.** «Soy Agustín», con mis virtudes y defectos, con mis cualidades, mis talentos y mis sueños. No dejo que la «condición», como la llamo, me quite mis aspiraciones y mis sueños. Sí, es un reto, porque tengo que lidiar con mis estados de ánimo, y luchar con* *mis síntomas y con los «efectos secundarios» de los medicamentos que tomo. Sin embargo, al mismo tiempo, «la condición» me hace más fuerte. En ocasiones puedo percibirla hasta como «un superpoder» o una oportunidad de crecimiento. ¿Sabes por qué? Porque la veo como una carrera de obstáculos y me hace tener fe. Confío en que voy a lograr superar los obstáculos que vengan.*

Esta es mi historia de todos los días, como la de muchos. Esta carrera refuerza nuestra autoestima, e incluye levantarnos de la cama y tirar el bloque del pecho que provocan los medicamentos que utilizamos para dormir (muchos de nosotros necesitamos del uso de medicamentos para provocarnos el sueño que no logramos de forma natural). Luego de ese «minuto heroico» en la mañana para levantarnos, tenemos que poner manos a la obra para el trabajo de cada día o la tarea encomendada.

*Me exijo mucho, porque creo que es el contrapeso; de ahí mi identidad y mi valor como persona más allá de «la condición». Lo importante es que puedas hacerlo, no importa si se trata de lavar un plato con amor o hasta pintar la obra de arte más excelsa, si tienes el talento (y todo lo que va entre medio es de sumo valor), hazlo. ¡Haz lo que amas! Todos tenemos retos, pero hay que comenzar y recomenzar. En el peor de los escenarios, creo que lo esencial es hacer lo que haces con amor y, si no te gusta, pasa el trago amargo con el sacrificio. **El sacrificio da frutos.** Todos sabemos que estudiar cansa, pero nos ayuda a pasar el examen.*

Creo que de alguna forma todo lo que tocas se impregna de amor y hay que emprender con amor. Sé que valgo y tengo dignidad. Lo que es más importante, estoy seguro de que puedo ayudar a otros que comienzan en este camino de padecer una condición mental y no saben qué hacer. Tan real es esto, que hace poco participaba en un chat y vi un comentario de un amigo que, por sus palabras, entendí de inmediato que estaba en medio de una depresión severa, y pude prestarle ayuda y alertar a sus familiares. Había más de cien personas en el chat que no se dieron cuenta de lo que estaba pasando, por desconocer lo que es una depresión severa. En mi caso, por sufrir de bipolaridad, por experiencia en carne propia sé lo que es la manía y la depresión. Por eso te digo: Tú, que sufres de una condición mental, eres único e irrepetible y puedes ayudar a otros. No te centres en lo que no puedes hacer, sino en lo que puedes. Trasciende. Ese

es ahora mi lema: «único e irrepetible». Todo el proceso de entenderlo me hizo descubrir el tesoro que yace más allá de toda situación o condición, y que esta no me define, sino que yo defino el devenir.
«Soy Agustín».

MÉTODOS PARA TRATAR LA DEPRESIÓN

Aquí tienes algunos métodos que son de suma importancia para el tratamiento de la depresión.

Farmacoterapia con antidepresivos

Los medicamentos antidepresivos se utilizan para corregir desequilibrios en las sustancias químicas del cerebro. Existe una sustancia llamada serotonina que su función es transmitir mensajes en áreas del cerebro que controlan las emociones, sobre todo los estados de ánimo. Tiene un impacto en el apetito, la temperatura corporal, los niveles hormonales del sueño y la presión sanguínea.

¿Cuál es la función de los antidepresivos? Incrementan los niveles de serotonina en las células del cerebro. A través de mi carrera profesional he visto una gran resistencia en los pacientes para tomarse los medicamentos. Los antidepresivos no suelen provocar dependencia. Los psiquiatras conocen los mecanismos de cómo suministrarlos y también de cómo ir haciendo su reducción, en los casos donde ya no sea necesario ingerirlos. Lo típico es comenzar con dosis bajas y que se vaya aumentando a la medida en que se requiera para aliviar los síntomas. Cuando el paciente se recupera, se hace un plan de ir eliminando el medicamento de forma gradual.

Terapias con un profesional de la salud mental

Puede ser un consejero profesional, psicólogo o un trabajador social clínico. Es importante que sea una persona con la preparación académica, las credenciales y el conocimiento para intervenir profesionalmente. Entiendo que también es fundamental que tenga sensibilidad, compasión y que refleje amor en las intervenciones. Muchos pacientes me han referido cómo han tenido que abandonar tratamientos porque no se sintieron cómodos con el terapeuta. Hay una cuestión también de empatía y conexión que se debe velar.

Reconstrucción de los pensamientos

Uno de los modelos más utilizados y más eficaces de intervención para la depresión es la terapia cognitiva. Los métodos cognitivos ponen especial atención en lo que los pacientes piensan sobre sus situaciones de vida. El postulado principal de este modelo es que la forma en que nos sentimos (felices, calmados, seguros, tristes, ansiosos, angustiados y otras emociones) son el resultado de lo que pensamos. La mente puede crear cosas muy buenas o cosas muy malas. Es imposible sentir tristeza sin haber tenido primero un pensamiento que genere tristeza. A la vez, si te sientes feliz, es porque los pensamientos de felicidad son los que has permitido que hagan su entrada y que se queden. No son las experiencias en sí mismas las que provocan las emociones, sino las interpretaciones que se hacen de estas.

Los pensamientos son los creadores de nuestra experiencia. A través del procesamiento del pensamiento es que le damos sentido a lo que nos sucede, a lo que vemos y a lo que escuchamos. Necesitamos pensar para sobrevivir en el mundo. Cuando comprendemos la verdadera naturaleza y las raíces de lo que pensamos, nos damos cuenta de que no tenemos que ser sus esclavos. Los pensamientos negativos dejan de dominarnos y comenzamos a tener el control para nuestro mayor bienestar. Tal y como lo expresa el apóstol Pablo:

> *«Por lo demás, hermanos, todo lo que es verdadero, todo lo honesto, todo lo justo, todo lo puro, todo lo amable, todo lo que es de buen nombre; si hay virtud alguna, si algo digno de alabanza, en esto pensad».*
>
> Filipenses 4:8, RVR60

¿Qué es lo que has estado pensando? Nuestros pensamientos no son la «realidad», sino nuestros intentos de comprender aspectos particulares de la vida. La interpretación de las situaciones es la que crea nuestras respuestas emocionales. Si piensas: «No voy a llegar a ninguna parte», «Nunca podré salir de esta depresión», «Las cosas nunca van a mejorar para mi vida», «Creo que siempre voy a sentirme desdichado», «Estoy demasiado cansado», «He fracasado», esto conducirá a cómo te sentirás, es a lo que te atas y es hasta en lo que te conviertes. El pesimismo y la crítica a nosotros mismos son ideas y pensamientos que suelen estar relacionados con asuntos del pasado no resueltos en nuestro interior.

Alguien significativo en tu vida como tu madre, padre, hermano, hermana, primo, prima, tío, tía, abuelo, abuela, un pastor, una pastora, un maestro, una maestra, una expareja, tu esposo, esposa, un hijo o una hija, entre otros, pudo haberte dicho de forma directa o indirecta palabras negativas. Han sido mentiras que te las has podido creer como si fueran una verdad y eso ha creado una barrera en tu mente. Creo que, en el nombre poderoso de Jesús, tú puedes ir por encima de esos obstáculos. Progresarás por encima de lo que antes pensabas sobre ti y sobre las circunstancias de tu vida. Es una decisión hacer una reconstrucción de los pensamientos y establecer nuevos estándares.

Más allá de las experiencias duras que te ha tocado vivir en la vida, y por encima de cuanto la depresión te ha arrollado hasta el día de hoy, estamos frente a una inmensa puerta abierta llena de extraordinarias posibilidades. Dios quiere hacer algo nuevo contigo. Él tiene grandes propósitos preparados para ti. ¡Vamos a hacer la transformación en el pensamiento! Cada vez que llegue un pensamiento negativo a tu mente, hay que darle una orden de que por donde vino, que se vaya por ahí mismo. Sustituye los pensamientos destructivos por pensamientos de bien y de confianza en el Señor. Recuerda lo que expresó el profeta Isaías:

«Tú guardarás en completa paz a aquel cuyo pensamiento en ti persevera; porque en ti ha confiado».

Isaías 26:3, RVR60

Los pensamientos producen reacciones bioquímicas en el cerebro. Estas reacciones van directamente hacia el resto del cuerpo. Si nos fijamos con detenimiento en este proceso, nos damos cuenta de que el pensamiento original genera unas emociones, luego unos sentimientos y desenlaza en nuestros comportamientos. Si los pensamientos son de gozo y felicidad, el cerebro elaborará químicos que hará que nos sintamos y actuemos llenos de motivación y alegría. En cambio, si los pensamientos son de tristeza, ira, preocupación o temor, el cerebro producirá químicos que correspondan a estos y provocarán, de igual modo, acciones propias a dichos pensamientos. Dios nos dice en su Palabra que así como pensamos, es nuestra vida y nuestros comportamientos:

> *«Porque cual es su pensamiento en su corazón, tal es él».*
> Proverbios 23:7, RVR60

Podemos ser libres de gran parte de nuestros sufrimientos modificando nuestros pensamientos. Una frase que les repito todos los días a mis pacientes es la siguiente: «No es lo que te está pasando lo que te tiene en tal estado de depresión, sino lo que estás pensando sobre lo sucedido». Esto suele generarles alivio a mis pacientes, pues no tenemos control de las circunstancias que nos rodean, pero sí podemos tenerlo de lo que pensamos. Te invito a que mantengas tu mente en la dirección adecuada. Si cambias tu manera de pensar, cambia tu vida.

La gratitud como terapia

Me encanta guiar a mis pacientes a hacer inventarios de gratitud cuando llegan en los hoyos más profundos de la depresión. Hacerles esta simple pregunta hace una transformación radical: «¿Por qué das gracias?». Ser agradecidos, sin lugar a dudas, nos hace sentir más felices.

Las numerosas investigaciones que se han hecho sobre el tema de la gratitud han demostrado que, aun personas con pensamientos suicidas, al escribirle una carta de gratitud a alguien provoca que los pensamientos relacionados a la muerte se transformen por completo. Esto se debe a que quienes practican el agradecimiento son más optimistas, felices, sus relaciones interpersonales se hacen más fuertes y de seguro que disminuyen los síntomas de depresión.

Les recomiendo a mis colegas terapeutas que utilicen la práctica de la gratitud en las terapias con sus pacientes. No es una técnica comúnmente utilizada, pero les garantizo los extraordinarios resultados que tiene. Lo tradicional es que las personas utilicen el dar gracias cuando las cosas les están saliendo bien y no es tan frecuente hacerlo en momentos difíciles. Cuando se guía a un participante en un proceso de consejería a poner por escrito una lista de aspectos por los que están agradecidos en un momento en que se sienten en una cueva de dolor emocional, es como activar un cambio anímico prácticamente de forma automática.

Puede ser que te hayan educado para fijarte en lo que no tienes, en lo que te falta y en lo malo que te ha pasado. Sin embargo, cuando nos enfocamos en la gratitud, surgirán aún mayores cosas por las cuales estar agradecidos. No es posible sentir gratitud y estar caminando por la vía de la amargura al mismo tiempo. Como hemos discutido, nuestros pensamientos y emociones generan una química en nuestro sistema. Cuando estamos agradecidos, se envía un mensaje asociado al placer que inundará todo nuestro ser.

Una actitud de agradecimiento no solo genera un cambio a nivel de las emociones, sino que también tiene el poder de transformar las dificultades en oportunidades, los problemas en soluciones, las pérdidas en ganancias y expande nuestra visión con positivismo hacia el futuro. No en vano es que la Biblia dice:

«Den gracias a Dios en toda situación, porque esta es su voluntad para ustedes en Cristo Jesús».

1 Tesalonicenses 5:18

«No se inquieten por nada; más bien, en toda ocasión, con oración y ruego, presenten sus peticiones a Dios y denle gracias».

Filipenses 4:6

> *«Entren por sus puertas con acción de gracias; vengan a sus atrios con himnos de alabanza; denle gracias, alaben su nombre».*
>
> Salmo 100:4

Te invito a que dediques una parte de tu día a hacer ejercicios de gratitud. En lo personal, lo hago todas las mañanas mientras camino. La gratitud es parte de mi devocional matutino. A partir de ese comienzo es fácil pensar en muchísimas cosas más por las que me siento agradecida. Conectarme al inicio del día con todas las cosas por las que estoy agradecida ha bendecido mi vida. El trabajo que desempeño es fuerte a nivel mental y físico. Entiendo que conectarme con la gratitud es una preparación para el día que me provoca un tsunami de optimismo y entusiasmo para enfrentarme al dolor humano con el que lidio durante todo el día en mi oficina.

Puedes utilizar un diario de agradecimiento. Cada día escribe algo por lo que estás agradecido. Si es que lo prefieres, puedes hacerlo en una libreta. Incluso, puedes utilizar tus redes sociales para esto. Serás de bendición para otras personas también. A diario, dile a alguien lo agradecido que te sientes por su presencia en tu vida. Sobre todo, díselo a los que viven contigo y a los que están más cerca de ti. Te aseguro que, haciendo esto, más de una vez declararás: «¡Qué buena es la vida!».

Terapia familiar

Este es un método que tiene alta eficacia. Considero que si el paciente lo autoriza, es de mucho beneficio la participación de la familia durante el proceso terapéutico. Uno de los principales beneficios de la terapia familiar es que nos proporciona un espacio para ventilar preocupaciones, frustraciones e inquietudes en un ambiente controlado.

Las intervenciones terapéuticas donde tiene lugar la modalidad de la terapia de familia, pueden incluir a todos los miembros del núcleo familiar, o de la familia de origen, según lo que se desee tratar para la sanidad emocional del paciente. Por lo general, quienes asisten a las sesiones son únicamente los más predispuestos e interesados en el bienestar del familiar que está en terapia. Hay personas que su interés principal es buscar recursos a nivel personal para superar la depresión y no muestran su disposición a que se integre a la familia, lo que hay que respetar. Como les he dicho a los que han tomado cursos conmigo en la universidad: «Quien dirige el proceso a través de sus necesidades es el paciente y no el terapeuta».

En terapias de familia, donde uno de sus miembros está sobreviviendo a la depresión, es de suma importancia orientarlos sobre la condición y aclarar cualquier duda que puedan tener. El conocimiento de lo que es y no es la depresión, ayudará a mejorar las relaciones interpersonales dentro de la empatía y la comprensión. He visto cientos de veces cómo se derriban los mitos y prejuicios que tenían los familiares sobre la depresión, al brindarles la información adecuada.

La familia, en la mayoría de nuestras culturas, está considerada como uno de los pilares más importantes sobre el que se sustenta el crecimiento y desarrollo individual de cada persona. La terapia familiar suele ser una gran oportunidad para que se genere el perdón, la restauración y los nuevos acuerdos de cómo desean que fluya la relación desde ese momento en adelante. Además, aprenden nuevos mecanismos para el mejor control de sus emociones.

Crecimiento espiritual

Las personas somos seres espirituales por naturaleza. Tal y como Dios nos diseñó, estamos constituidos por cuatro partes: cuerpo, mente, ser social y espiritual. Comprendido esto, cada vez más se ve un mayor apoyo, a nivel secular, de darle la importancia que tiene la espiritualidad para el mejor beneficio de los individuos, y eso incluye la ayuda que les proporciona a los pacientes con depresión.

Existen abundantes pruebas que han validado el hecho de que el crecimiento espiritual abona el bienestar tanto físico como emocional. Cuando una persona tiene una relación con Dios y está conectada a una comunidad de fe, tiene mejores experiencias de vida y se aferra a la esperanza. Múltiples investigaciones han demostrado que las personas que tienen fe pueden enfrentar mejor las adversidades y estar de mejor ánimo aun ante las peores crisis de la vida.

Hace poco, estuve interviniendo con una paciente que su hijo murió de COVID-19 cerca del día de Navidad. Para la psicología, la muerte de un hijo es un luto que prácticamente se queda sin resolver en su totalidad. Yo estaba impresionada mientras la escuchaba, pues sus fortalezas espirituales le estaban permitiendo darle sentido a una experiencia que, a nivel de lógica y razonamiento, no tenía mucho sentido.

La espiritualidad contribuye a comprender el propósito que tenemos en la vida. Cultivar la espiritualidad te puede ayudar a descubrir lo que es significativo en tu vida, a lo que debes darle importancia y a qué cosas no darle tanta importancia. Nuestra relación con Dios provee los recursos de consuelo, fortaleza, paz y gozo tan necesarios cuando sentimos que nuestra alma se siente más arrastrada que el vientre de una culebra.

¿QUÉ MÁS PUEDES HACER?

Las siguientes sugerencias pueden mejorar significativamente tu vida de manera integral.

1. Utiliza las actividades del diario vivir como terapia. Mientras más activo te encuentres, más motivado te sentirás. En ocasiones, esto requiere planificación y preparar una agenda.
2. Cuida tu salud física.
3. Haz por lo menos treinta minutos diarios de ejercicio, lo ideal es que sea en la mañana y al aire libre.
4. Vela tu nutrición. Algunos de los alimentos que se han encontrado que tienen un efecto antidepresivo son: plátano, pescados, avena, espárragos, cebolla, zanahorias, granos integrales, aguacate, repollo y pistachos.
5. No te compares con otras personas que consideras más favorecidas.
6. Expresa de manera asertiva tus emociones y sentimientos. No los reprimas.
7. Utiliza la música como terapia.
8. Rodéate de personas positivas.
9. Aléjate de gente tóxica.

10. Busca un pasatiempo que te cause satisfacción.
11. Mantén tu ambiente ordenado y limpio.
12. Ten un tiempo devocional. La oración es un mecanismo de liberación y ventilación emocional.
13. Lee la Palabra de Dios y medita en ella. Sobre todo, en las promesas que están en la Biblia.
14. Dedícate a alguna actividad benéfica. Lo típico es que cuando nos concentramos en ayudar a otros, nos ayudamos a nosotros mismos también.
15. Utiliza colores brillantes y alegres, tanto en tu ropa, como en la decoración de tu casa y en tu trabajo.

EL SUICIDIO NO ES LA SOLUCIÓN

Mi pastora constantemente usa esta expresión: «No se deben tomar decisiones permanentes ante situaciones o estados de ánimo transitorios». El suicidio es una determinación de la que no hay vuelta atrás ante experiencias o emociones que pueden reconstruirse de alguna forma. Para dejar de sufrir no tienes que quitarte la vida. Puedo entender que sientas que ya no tienes fuerzas. El apóstol Pablo sintiéndose así, exclamó:

> *«Me ha dicho: Bástate mi gracia; porque mi poder se perfecciona en la debilidad. Por tanto, de buena gana me gloriaré más bien en mis debilidades, para que repose sobre mí el poder de Cristo».*
>
> 2 Corintios 12:9, RVR60

Cada vez más vemos cristianos, líderes y pastores que han tomado esta fatal decisión. En realidad, el suicida no quiere morir, sino que quiere dejar de sentir dolor emocional. En la gran mayoría de los casos, la persona que sufre de manera intensa y que piensa en quitarse la vida, es porque está profundamente deprimida. Los altos niveles de desesperanza y confusión limitan su visión de la vida, y de las alternativas que posee para salir de la forma en que se siente en esos momentos.

Uno de los propósitos de este libro es brindarte recursos para superar dolores emocionales. Hay esperanza para ti. Si has estado considerando el suicidio como una alternativa ante el profundo dolor que estás experimentando, te digo: «¡Esa no es la solución! Tu vida guarda un poderoso tesoro. Será hermosa y te convertirás en un testimonio vivo de valentía. Resiste un poco más y verás».

Son muchos los mitos con los que viven las personas en cuanto a la conducta suicida. Debido a estos mitos es muy poco lo que se puede ayudar a quienes toman el suicidio como una solución para sus problemas. Los mitos más comunes son los siguientes:

- Los que hablan de suicidarse no lo hacen: Más de una cuarta parte de los que cometen suicidio han dado señales de que se disponen a quitarse la vida a través de sus conductas o palabras. Lo dicen o hacen cosas que dan a entender que están pensando en el suicidio como una alternativa o como la solución al dolor.
- El suicidio se comete sin aviso previo: La mayoría habla sobre temas relacionados a que el mundo estaría mejor sin ellos y a temas sobre la muerte. En ocasiones, lo informan por escrito. Sin embargo, existen otros casos donde no manifiestan sus intenciones y es un acto de total sorpresa para los demás.
- Solo lo cometen personas de ciertas clases sociales: Las personas que se suicidan provienen de todo tipo de clases sociales. Se han suicidado ricos, de clase media y pobres, personas con mucha o poca educación. Lo lamentable es que el suicidio no discrimina.
- Solo se suicidan los que están deprimidos: Se han registrado casos en los que a las personas les sobreviene una situación inesperada que no saben cómo enfrentar o que ya salieron del estado de crisis en el que se encontraban. Esto suele ser perturbador en gran medida para la familia y los amigos.
- Hablarle a la persona del suicidio la incita a que cometa el acto: Cuando muestran la franqueza para hablar sobre un tema tan sensible, se les debe dar el espacio de que lo exprese y sin temor a que le juzguen. Si la persona percibe que puede hablar del asunto, reduce su ansiedad. Hablar siempre es un mecanismo

saludable de liberación que conduce a la sanidad. Hacer preguntas directas y libres de críticas puede abrir la puerta a un diálogo eficaz sobre su sufrimiento. Hay que asegurarse de escuchar y de tomar muy en serio lo que dice la persona. Es muy bueno guiarla a que se enfoque en los motivos que tiene para vivir.

Oración

Amado Señor:

Reconozco que tú eres la fuente inagotable de gozo. Mis fuerzas se renuevan por el poder del Espíritu Santo. Cuando siento que no puedo más, de alguna forma me revelas que no estoy solo. Tú estás conmigo. Todos los días me demuestras de diferentes formas que estoy protegido en tu poderosa presencia. Dependo de que tu voz me recuerde las bendiciones que disfruto y que crean los cimientos de mi vida. Gracias por cuidarme en medio de las tormentas. Gracias por defenderme frente a los gigantes. Gracias por hacerme justicia. Gracias por enderezar lo que estaba torcido. Gracias por tu gracia, tu misericordia y tu bondad. En el poderoso nombre de Jesús, amén.

Afirmaciones

Te invito a que repitas las siguientes afirmaciones:

- Recibo con buen humor todos los magníficos regalos que tienen mi nombre.
- Tengo el poder, por medio de Cristo, de pensar en lo bueno.
- Renuncio a los pensamientos negativos que me causan tristeza.
- Estoy agradecido porque Dios trasforma los lamentos en baile.
- Mi alma rebosa de gratitud porque he sido bendecido ayer, hoy y lo seré mañana.
- Me deleito haciendo el inventario de todo lo que puedo agradecer.
- Hoy me renuevo y así será cada día de mi vida.

Tus propias afirmaciones

_____

_____

_____

_____

_____

_____

_____

Ejercicios para contestar, reflexionar y aplicar

1. Cuando te sientes triste, ¿cuáles son los pensamientos que están en tu mente?

_____

_____

_____

_____

2. Cuando te sientes desanimado, ¿cuáles son los pensamientos que están en tu mente?

_____

_____

_____

_____

3. Cuando te sientes desesperanzado, ¿cuáles son los pensamientos que están en tu mente?

_____

_____

_____

_____

4. Confecciona una lista de diez pensamientos positivos para que te los repitas todos los días:

a. _____

b. _____

c. _____

d. _____

e. _____

f. _____

g. _____

h. _____

i. _____

j. _____

5. ¿Cuáles son los aspectos en tu vida por los que estás agradecido?

a. _____

b. _____

c. _____

d. _____

e. _____

6. Escríbele una carta de gratitud a alguien que es significativo para ti y que ha sido de bendición. Te recomiendo que se la envíes.

_____

_____

_____

_____

_____

7. Confecciona una lista de cinco motivaciones que tienes para vivir:

a. _____

b. _____

c. _____

d. _____

e. _____

CAPÍTULO 3

LA PSICONEURO-
INMUNOLOGÍA
Y LA BIBLIA

«Mientras callé, se envejecieron mis huesos
en mi gemir todo el día».
Salmo 32:3, RVR60

La psiconeuroinmunología es el estudio de la interacción entre los procesos psicológicos y los sistemas nervioso e inmunitario del cuerpo humano, y su efecto sobre la salud. Pone de manifiesto la influencia de factores psicosociales sobre la respuesta inmunológica, y que hay una relación existente entre el cerebro y el sistema inmunológico. Lo que se siente emocionalmente tiene un impacto directo en el bienestar físico. Dicho de otra manera, la tristeza enferma y la felicidad cura.

Cuando el salmista expresa: «Mientras callé, envejecieron mis huesos. En mi gemir todo el día» (Salmo 32:3), queda de manifiesto la admisión de que callar lo que sentía tuvo un impacto físico: sus huesos se envejecieron. Aquí encontramos un ejemplo de cómo un asunto en las emociones enfermó el cuerpo. Todo lo que reprimimos, callamos y guardamos, puede convertirse en una enfermedad. De la misma manera, expresar de forma asertiva lo que sentimos, puede curarnos. Existe una correlación entre los sentimientos, los estados anímicos y nuestra función biológica.

Ya se sabe que fruncir el ceño activa la secreción de hormonas del estrés, que a su vez incrementan la presión sanguínea, y hace a los individuos más susceptibles a la ansiedad y a la depresión. En cambio, sonreír reduce dicha secreción e incrementa la producción de endorfinas que son las sustancias en el cerebro que alivian el dolor físico y emocional. ¿Qué tal si ahora mismo, sin importar donde estés, ríes hasta enseñar las muelas? Por favor, que tu risa venga desde el estómago.

«El corazón alegre hermosea el rostro; mas por el dolor del corazón el espíritu se abate».
Proverbios 15:13, RVR60

La Biblia nos invita a estar alegres y a sonreír. Las personas que ríen más manejan mejor sus tensiones negativas y perciben los conflictos como pasajeros, de modo que no se amargan la vida. Para mí, el día que no hemos reído es un día perdido. Un fruto de nuestras vidas como cristianos es proceder con alegría, hablar con alegría y tratar a los demás con mucha, mucha alegría.

Hay quienes se imaginan a Dios como un ser autoritario, triste, enojado y apático. Lo curioso es que quienes suelen tener este concepto es porque sus padres han sido de esa manera. Así que le transfieren al Padre celestial las mismas características que tenían sus padres en la tierra. De acuerdo a cómo han sido sus experiencias con su madre o padre, dan por sentado que Dios se comporta según esas vivencias.

En su Palabra, Dios se manifiesta sobre todo como misericordioso, compasivo, amoroso y lleno de gozo. Debido a que su felicidad no depende de nada ni de nadie, es el único que se la puede conceder a sus hijos. Hay lugares y experiencias que pueden hacer que los seres humanos se sientan felices, pero es una felicidad temporal. Sin embargo, el gozo que da Dios permanece para siempre.

Dios nos exhorta y nos invita a ser felices. En su omnisciencia conoce todos los beneficios que tiene tanto para nuestro cuerpo como para nuestras emociones escoger la felicidad. Por eso la Biblia registra lo siguiente:

«Al Señor he puesto continuamente delante de mí; porque está a mi diestra, permaneceré firme. Por tanto, mi corazón se alegra y mi alma se regocija; también mi carne morará segura, pues tú no abandonarás mi alma en el Seol, ni permitirás a tu Santo ver corrupción. Me darás a conocer la senda de la vida; en tu presencia hay plenitud de gozo; en tu diestra, deleites para siempre».

Salmo 16:8-11, LBLA

LA ANSIEDAD Y SUS EFECTOS

La ansiedad, mal controlada, es la emoción que con mayor regularidad nos puede quitar el gozo. A través de muchos estudios científicos, se ha comprobado que la ansiedad es un mecanismo de defensa y que puede generar una multiplicidad de desequilibrios fisiológicos. ¿Qué provoca la ansiedad en el cuerpo?

- Descarga adrenalina, lo que hace que aumente el ritmo cardíaco.
- Sube el cortisol, lo que provoca aumento de peso, sobre todo que se almacenen grasas en la cintura y las caderas.
- Eleva la presión sanguínea.
- Incrementa las enfermedades cardiovasculares.
- Disminuye la memoria y el aprendizaje.
- Acelera el envejecimiento.
- Provoca náuseas o molestias abdominales.
- Da sensación de ahogo o asfixia.
- Logra que los nervios se sientan a flor de piel, lo que casi siempre se manifiesta con temblores o sacudidas en las manos y en las piernas.
- Disminuye la capacidad de reparación ósea.
- Vuelve más lenta la cicatrización de las heridas.
- Eleva los niveles de azúcar en la sangre.
- Produce sensación de debilidad o agotamiento.
- Disminuye la capacidad de recuperación celular.

- Libera glucocorticoides, lo que hace que se estanque el metabolismo.
- Genera dolores musculares.
- Disminuye la liberación de linfocitos que impactan los mecanismos de defensa inmunitarios.
- Crea globulinas que afectan el hígado.
- Genera pobre concentración.
- Causa efectos inmunodepresores.
- Inhibe la actuación del sistema inmunológico, lo que disminuye nuestra capacidad para luchar contra posibles enfermedades.

Al igual que todas las emociones, Dios puso la ansiedad en el ser humano como un medio de protección. En realidad, es un mecanismo absolutamente adecuado para lidiar con las situaciones de estrés a corto plazo, pero no está diseñada para permanecer activa de forma continua. Dios, a través de su Palabra, le da gran importancia al manejo saludable de la ansiedad. ¿Qué dice la Biblia sobre cómo debemos afrontar la ansiedad?

1. **Presentar nuestras peticiones a Dios con acción de gracias:** «No se inquieten por nada; más bien, en toda ocasión, con oración y ruego, presenten sus peticiones a Dios y denle gracias. Y la paz de Dios, que sobrepasa todo entendimiento, cuidará sus corazones y sus pensamientos en Cristo Jesús» (Filipenses 4:6-7).
2. **Concentrarnos en el día de hoy, sin afanarnos por el mañana:** «Más bien, busquen primeramente el reino de Dios y su justicia, y todas estas cosas les serán añadidas. Por lo tanto, no se angustien por el mañana, el cual tendrá sus propios afanes. Cada día tiene ya sus problemas» (Mateo 6:33-34).
3. **Confiar en el Señor:** «No se angustien. Confíen en Dios, y confíen también en mí» (Juan 14:1).
4. **Hacer bien las cosas:** «Y Dios puede hacer que toda gracia abunde para ustedes, de manera que siempre, en toda circunstancia, tengan todo lo necesario, y toda buena obra abunde en ustedes» (2 Corintios 9:8).

El gozo del señor es mi fortaleza.

5. **No tener miedo:** «Así que no temas, porque yo estoy contigo; no te angusties, porque yo soy tu Dios. Te fortaleceré y te ayudaré; te sostendré con mi diestra victoriosa» (Isaías 41:10).

TÉCNICAS PARA EL CONTROL DE LA ANSIEDAD

A continuación, encontrarás una serie de técnicas que debes implementar, a fin de que te ayuden a controlar la ansiedad.

1. Divide el tiempo de manera adecuada.
2. No te pongas expectativas demasiado altas.
3. Toma decisiones en las que te demuestres amor propio.
4. No le des mucha importancia a lo que la gente piensa de ti.
5. Sustituye los pensamientos negativos por positivos.
6. No te tragues las cosas que no te gustan.
7. Suspende la idea de que tienes que ser perfecto.
8. No trates de controlar a los demás.
9. Realiza actividades placenteras.
10. Aumenta el consumo de espárragos, naranjas, avena y aguacate.
11. Di que sí solo cuando puedas comprometerte.
12. Adopta el buen sentido del humor.
13. Trata de vivir con entusiasmo.
14. Dale importancia a lo que la tiene de veras.
15. Realiza caminatas.
16. Aléjate de las noticias negativas.
17. No procrastines.
18. Concéntrate en las soluciones a los problemas.
19. Mírate y trátate como un ser humano, y no como una máquina.
20. Deja de rescatar a otros todo el tiempo.
21. Organiza tu casa.
22. Usa aromas de lavanda y el color lila.
23. Establece prioridades.

24. Delega.
25. Disfruta de la naturaleza.
26. Realiza actividades en las que te diviertas.
27. Aléjate de personas tóxicas.
28. Obedece lo que está establecido en la Palabra de Dios.
29. Cree que el tiempo de Dios siempre es el mejor.
30. Congrégate en una iglesia donde sientas paz.

LA ORACIÓN COMO MÉTODO TERAPÉUTICO

«¡Hay gran esplendor en su presencia!
¡Hay poder y alegría en su santuario!».
1 Crónicas 16:27, DHH

A través de la oración, las personas buscan desarrollar una relación íntima con Dios. Es la línea directa de comunicación con Él para conocerle mejor. El tiempo devocional es la principal fuente de paz, consuelo y gozo. Esto les permite ver el mundo de una manera menos intimidante. Los que logran este objetivo, y tienen la seguridad de que el Espíritu Santo estará allí escuchándolos, consolándolos, apoyándolos y protegiéndolos, desarrollan un apego saludable con el Señor.

La presencia de Dios es el lugar donde hay mayor felicidad y donde nuestro cuerpo tiene mayores beneficios, pues ahí se encuentra paz, aceptación, libertad y amor. Ya se sabe que las personas que oran con frecuencia y que su concepto sobre Dios es que Él es amor, disfrutan de mejor salud mental, sufren menos de síntomas relacionados con los trastornos de ansiedad y tienen una mayor seguridad personal.

Las personas que oran a diario, pueden tener un sentido de propósito mucho más definido que quien no ora con frecuencia. Doy gracias por el privilegio de la oración. Ese espacio maravilloso al que podemos ir tal cual somos, reflejar lo que sentimos sin máscaras y sin temor a que nos juzguen. Es el lugar donde nos comprenden. Es el momento en el que tenemos que reconocer que se activa un poder que es superior al nuestro. Es donde se manifiestan los misterios de Dios y los actos imposibles. Cuando la tristeza y la desesperanza amenazan con invadirnos, en la oración tendremos un refugio seguro.

> *«En mi angustia llamé al Señor, pedí ayuda a mi Dios, y él me escuchó desde su templo; ¡mis gritos llegaron a sus oídos!».*
> Salmo 18:6, DHH

La oración matutina suele ser una de preparación para adquirir fortalezas para lo que enfrentaremos en el día. Es un tiempo especial para expresar nuestra gratitud por una nueva oportunidad. Con cada amanecer, comenzamos otra vez. Es el momento para ponernos en los brazos del Señor y confiar en su cuidado. Es un impulso de autoridad para servir y amar. Cada mañana, haz tuya la misma afirmación del salmista:

> *«Oh Señor, ten piedad de nosotros; en ti hemos esperado. Sé nuestra fortaleza cada mañana, también nuestra salvación en tiempo de angustia».*
> Isaías 33:2, LBLA

La oración que hacemos antes de acostarnos a dormir en las noches suele hacerse más con la intención de agradecer las bendiciones y la protección recibida en ese día. Es hermoso que ese último pensamiento al terminar la jornada sea en Dios y sus bondades. Para muchos, la oración de la noche es muy importante para soltar las cargas y tensiones antes de dormir. Hay quienes, si no oran antes de acostarse, se les hace muy difícil conciliar el sueño. ¡Qué bueno saber que contamos con un Dios que nos da la paz que necesitamos!

> *«En paz me acostaré, y asimismo dormiré; porque solo tú, Jehová, me haces vivir confiado».*
> Salmo 4:8, RVR60

LA ADORACIÓN COMO EXPERIENCIA RESTAURADORA

«Bendeciré al Señor en todo tiempo; mis labios siempre lo alabarán. Mi alma se gloría en el Señor; lo oirán los humildes y se alegrarán. Engrandezcan al Señor conmigo; exaltemos a una su nombre. Busqué al Señor, y él me respondió; me libró de todos mis temores».
Salmo 34:1-4

Desde hace miles de años, los seres humanos han experimentado cómo la música tiene un impacto en el carácter, la conducta, el estado de ánimo y sus reacciones. La adoración tiene un poder terapéutico extraordinario. Adoramos a Dios porque Él es digno de adoración, así como por obediencia y para glorificar su nombre. Sin embargo, es innegable que en la adoración también hay una provisión inmensa de beneficios para nosotros.

Como te conoces, tú sabes qué canciones generan en ti un estado de ánimo alegre y te guían a sentir más paz. Te recomiendo que cuando tengas bajas emocionales o ansiedad, sean esas canciones precisamente las que busques y escuches. Tenlas disponibles en tu auto y procura que estén accesibles como si fueran un botiquín de primeros auxilios. Estoy segura que en más de una ocasión el Señor te ha consolado con alguna canción en específico. Puedo testificarte de que, en cada momento difícil de mi vida, el Espíritu Santo me ha regalado una canción que me ha sido muy útil para sobrellevar cada temporada en particular.

En distintos personajes bíblicos vemos cómo la adoración hizo un cambio radical en sus emociones. Comenzaban adorando en un estado de bastante decaimiento, y a medida que se adentraban en la alabanza y a un nivel mayor de intimidad con Dios, se iban sanando y restaurando. Esto se debe a que la adoración es un excelente desestresante que colabora con apaciguar la ansiedad y prevenir los estados de angustia. Tiene la virtud, por el poder del Espíritu Santo, de aquietar los estados de ánimo y sumergirnos de manera profunda en un éxtasis de bienestar y paz.

Tanto quien adora, como quien escucha la adoración que canta otro, tiene una sensación de alivio tal que es como si se hubiera tomado un medicamento para la ansiedad, un relajante muscular o como si le hubieran practicado un masaje. La belleza es que viene de forma automática, gratuita, exclusiva y es divina.

03/27/23

LOS ABRAZOS CURAN EL ALMA

«Así que emprendió el viaje y se fue a su padre. Todavía estaba lejos cuando su padre lo vio y se compadeció de él; salió corriendo a su encuentro, lo abrazó y lo besó».
Lucas 15:20

Son muchos los beneficios que tienen los abrazos sobre la salud mental y física. Cuando abrazamos a alguien, sobran las palabras. El alma se conecta con el silencio y fluyen los sentimientos de amor, perdón, consuelo, restauración y humildad.

Durante la pandemia por la COVID-19, uno de los más grandes retos ha sido el no podernos abrazar. Entiendo que esto también nos ha llevado a valorar más los abrazos. Debemos cuidarnos de que cuando todo vuelva a la normalidad, no hayamos perdido la valiosa y necesaria costumbre de abrazarnos. La vorágine de la sociedad actual nos ha alejado a unos de otros. Además, el individualismo ha puesto barreras entre las personas.

Un abrazo es una manera perfecta de acercarse a otras personas para ayudar, empatizar, consolar, apoyar y curar. Reduce el riesgo de contraer enfermedades cardiovasculares y mejora la calidad de vida de los pacientes con enfermedades crónicas. Está asociado a medidas más bajas de colesterol y de estrés, ya que reduce los niveles de cortisol. Es muy eficaz en pacientes con depresión y ansiedad, pues provoca que disminuyan las condiciones de angustia. Un abrazo da confianza y seguridad. Proporciona un sentimiento de protección. Es una forma de sentir consuelo y sanar heridas emocionales. Eleva el estado de ánimo. Ayuda a luchar con nuestros miedos y mira de frente la soledad.

Las relaciones de pareja se fortalecen mientras más abrazos se den. Es curioso que cuando un hombre y una mujer comienzan su relación de noviazgo, una de las grandes manifestaciones que juntos se expresan sea a través del abrazo. El abrazo es el protagonista en muchos noviazgos. De ninguna manera esto se debe perder en el matrimonio. Después de recibir un abrazo, el cuerpo libera una hormona llamada oxitocina que genera bienestar en las personas, enviándole al cerebro sensaciones de comodidad. Es maravilloso que los matrimonios se abracen en la mañana, y que se acostumbren a saludarse y despedirse siempre con un abrazo. Es más, no debe faltar cuando se genere algún conflicto.

Abraza a tus hijos. Hay muy pocas cosas más reconfortantes que el abrazo de mamá o papá. Los abrazos de los padres son como un refugio en el que nos sentimos a gusto. Cuando los abrazan, el niño y el adolescente se sienten seguros y amados. Por lo tanto, crecerán más sanos, seguros de sí mismos y, como resultado, más felices. Si procedes de una familia donde no se practicaba el abrazo, deshazte de esos patrones. Conviértete en el eslabón que rompe la cadena generacional. ¡Abraza y disfruta de todos sus beneficios!

 Oración

Amado Dios:
Gracias por la paz que me regalas. La que sobrepasa todo entendimiento. La que no puedo entender. La que siento que enfermo si no la tengo. Nada en el mundo podrá quitarme la paz que me das. Aunque esté en el desierto y se levanten gigantes, nadie me la robará. Bendice hoy mi cuerpo y mis emociones con esa paz. Creo que la fuerza de tu amor cubre cada órgano, hueso y sistema de mi cuerpo. En el nombre poderoso de Jesús, amén.

Afirmaciones

Te invito a que repitas las siguientes afirmaciones:

- Estoy sano.
- La paz de Dios abraza mi cuerpo.
- Estoy a salvo en las manos del Señor.
- Al reír, envío salud a cada sistema de mi cuerpo.
- La oración me libera.
- La adoración me restaura.
- Disfruto tanto de abrazar como que me abracen.

Lunes
03/27/23

Tus propias afirmaciones

✓ Si eres suficientemente Hermosa

✓ Tu si eres capaz

✓ Eres una mujer segura, Confiada, Paciente, Amorosa

✓ Me encanta tu sonrisa.

✓ Eres Genial, porque eres diferente y el mundo te necesita.

Ejercicios para contestar, reflexionar y aplicar

1. Mientras leías este capítulo, ¿pudiste percatarte de cómo tus emociones han tenido un impacto sobre tu cuerpo? Si es así, ¿en qué forma?

me quedaba sin aire, quería llorar, quería salir corriendo, mi vista se me nublaba, tenía una sensación de miedo, me arañaba el rostro, me picaba el cuello, me daba abostesamiento. mis manos se ponían frías y moradas.

2. ¿Cuál puede ser la raíz de tus ansiedades o temores?

→ un pasado oculto, malo (que importa)

→ Mi actitud, No es la mejor, ni la más constante

→ Soy un poco, Arrogante (mi falta de interes

⇒ miedo al compromiso

3. Identifica diez cosas que harás de ahora en adelante para disfrutar de mayor paz mental.

a. orar todos los días por las mañanas

b. ser más callada, (No llamar la atención)

c. las Respiraciones Imhala/exhala

d. No pensar en las cosas pasadas

e. _No condenarme Por mis errores_

f. _Ser más Paciente, y saber (esperar)_

g. _Ser más segura de mi Potencial_

h. _Tener un orden en mi vida_

i. _Tener las 8 horas de Dormir_

j. _Salir con tiempo al trabajo, manejar despacio_

4. ¿En qué forma vas a utilizar la oración y la adoración para tu salud emocional y física?

en que sea el Espiritu Santo governando mi
mi mente, y traendo la paz que necesito
Poniendo un guarda en mis Pensamientos,
Adoración me liberé y me llene de gozó

CAPÍTULO 4

LAS PREOCUPACIONES Y LOS ATAQUES DE PÁNICO

«Mirad las aves del cielo, que no siembran, ni siegan, ni recogen en graneros; y vuestro Padre celestial las alimenta. ¿No valéis vosotros mucho más que ellas?».
Mateo 6:26, RVR60

En las extraordinarias causalidades que suceden, en el momento en que me siento a escribir este capítulo, mi mirada se dirige hacia una ventana y veo dos pajaritos que cantan sobre la rama de un árbol. El cielo está gris y han comenzado a caer grandes gotas de lluvia. Sin importar las circunstancias, las aves están felices, disfrutando del cuidado, la protección y la seguridad que da el Señor. Si Dios cuida de las aves, podemos tener la certeza de que también cuida de nosotros. Sentada en el comedor, esta experiencia me ha llevado a cantar el himno que tantas veces canté de niña junto a mi madre en la iglesia: «Él cuidará de mí».

La historia de este himno es verdaderamente fascinante. Lo escribió una mujer llamada Civilla D. Martin en 1905. Relata que cuando vivía en Nueva York con su esposo, entabló una profunda amistad con una pareja: el Sr. y la Sra. Doolittle. Los consideraba unos verdaderos siervos del Señor. La Sra. Doolittle llevaba en cama casi veinte años. Su marido estaba inválido y tenía que velar por su sustento económico diario, trabajando desde su silla de ruedas. A pesar de sus aflicciones, vivieron felices su vida cristiana, dando inspiración a todos los que conocían.

Un día, mientras Civilla estaba de visita en la casa de los Doolittle, su esposo les preguntó sobre el secreto de su fe para continuar adelante a pesar de las duras experiencias que les había tocado vivir. La respuesta del Sr. Doolittle fue sencilla: «Dios tiene su vista puesta en las aves y sé que Él me mira también a mí». La belleza de esta simple expresión de fe sin límites se apoderó de su corazón y encendió la imaginación para escribir el himno:

¿Cómo podré estar triste?
¿Cómo entre sombras ir?
¿Cómo sentirme solo
Y en el dolor vivir?
Si Cristo es mi consuelo,
Mi amigo siempre fiel,
Si aun las aves tienen
Seguro asilo en Él,
Si aun las aves tienen
Seguro asilo en Él.

Coro:
¡Feliz, cantando alegre,
Yo vivo siempre aquí;
Si Él cuida de las aves,
Cuidará también de mí!

«Nunca te desalientes»,
Oigo al Señor decir,
Y en su Palabra fiado,
Hago al dolor huir.
A Cristo, paso a paso

Yo sigo sin cesar,
Y todas sus bondades
Me da sin limitar,
Y todas sus bondades
Por siempre me ha de dar.

Siempre que soy tentado,
O si en la prueba estoy,
Más cerca de Él camino,
Y protegido voy;
Si en mí la fe desmaya
Y sufro de ansiedad,
Tan solo Él me levanta,
Me da seguridad,
Tan solo Él me levanta,
Me da seguridad.

¡Gloria al Señor! Las palabras de este himno son más motivadoras que las amenazas de la preocupación. Como hijos amados de Dios, y si hemos gustado y saboreado su Palabra, debemos apoyarnos en ella en todo momento, sobre todo en los senderos de la angustia y del dolor.

La preocupación es la intranquilidad y la inquietud que produce alguna cosa o situación. Suele venir acompañada de emociones muy fuertes y poderosas. Las más comunes son la ansiedad y el temor. Pueden ser tan potentes que lleven a paralizarnos. Nuestra sed de paz y tranquilidad nos puede conducir a lugares y comportamientos inhóspitos donde predomina la incertidumbre. Sin embargo, las preocupaciones siempre serán una oportunidad para hacer crecer nuestra fe.

Mucho he escuchado decir: «Cuando los problemas son solo míos, puedo manejarlos; pero cuando son situaciones con uno de mis hijos, la preocupación es inevitable». Así es el testimonio de una de mis mejores amigas desde la infancia. A principios del año 2000, ella hacía trabajo evangelístico en las calles con personas adictas a las drogas, llevando la Palabra de Dios, y alimentando vagabundos. Esto lo vio como una preparación para lo que más adelante experimentaría en su vida. Nunca olvidará el día en el que su hija, esperada y amada, le confesó que estaba abusando de sustancias controladas. Sintió que su corazón se detenía por un momento. No encontraba las palabras que decir. En su casa siempre se habían fomentado valores, así que esa noticia era algo que jamás pensó que escucharía.

Todos en el hogar estaban pasando un momento duro, pues mi amiga y su esposo se habían divorciado. Lo lamentable es que fue de esos casos en los que ocurre un divorcio y el padre abandona a sus hijos. El papá no buscó más a su hija. Ella siempre había tenido excelentes calificaciones en la escuela, pero todo comenzó a cambiar. Los maestros llamaban a su mamá con frecuencia porque no asistía a sus clases. Veía a su hija en otro mundo, quien en varias ocasiones intentó quitarse la vida. No importaba las veces que mi amiga, como su madre, le dijera: «Yo te amo», pues al parecer su único enfoque era el de llamar la atención de su padre.

En su último ingreso en un hospital psiquiátrico conoció a un joven. Cuando les dieron de alta, se fue con él para deambular por las calles y consumir drogas. Un día, mi amiga la encontró. Tenía mal aspecto y no olía bien. ¡Cuán doloroso debe ser esto para una madre! Esa noche logró, por fin, que regresara a la casa. Entonces, mi amiga fue ante la presencia del Señor llorando, en desesperación, y le dijo: «Dios mío, ya no puedo más sola. Yo te necesito. ¡Ayúdame! Me voy a parar firme para servirte. No importa lo que vea. No importa lo que me duela, te serviré».

Después de ese día, atravesó muchos desafíos. Sin embargo, admiro en gran medida a mi amiga porque nunca se rindió. Jamás dejó de demostrarle a su hija que la amaba, y el amor siempre es una siembra maravillosa. Al día de hoy, se están cosechando bendiciones. El amor triunfó por encima de la preocupación.

Preocuparse puede ser una fuente de amargura e infelicidad. La forma en que vemos las circunstancias de la vida suele aprenderse. Si te preocupas mucho o poco, también lo aprendiste. ¡Qué bueno es que todo lo que no nos es útil lo podemos desaprender! Frente a nosotros hay una inmensa puerta abierta llena de oportunidades para aprender nuevos mecanismos de cómo ver la vida. Te recuerdo, una vez más, que debemos escoger los que nos causen mayor paz y felicidad. Es más, tenemos que aprender a manejarnos de la manera que nos permita vivir cada día con mayor seguridad, estabilidad y bienestar. Así que pongamos nuestra fe en acción y escuchemos cómo se cierran las puertas de temores provocados por las experiencias del pasado.

Una definición clásica de preocupación es la inquietud de que volverá a suceder algo que nos lastimó en el pasado. El ayer ya pasó, disfruta el día de hoy. También es ansiedad sobre el futuro. Del día de mañana no sabemos nada. La catástrofe que tanto podría preocuparnos que suceda, a menudo resulta ser mucho menos terrible de lo que concebimos en nuestra imaginación. Me atrevo a afirmar que más del noventa por ciento de nuestras preocupaciones nunca suceden. Llevar hoy la tristeza del ayer, unida a los temores del mañana, son asuntos que tambalean a cualquiera en lo emocional.

Las preocupaciones que invaden nuestra cabeza, a veces desde el minuto en que nos levantamos, perjudican mucho nuestro descanso y nuestra salud mental. Hasta cierto punto, es normal preocuparse, pero si todos los días tienes los mismos pensamientos y ya no puedes controlarlos, esa preocupación rebasó los límites.

MÉTODOS PARA LIDIAR CON LAS PREOCUPACIONES

Ahora, quiero brindarte algunos métodos que tú mismo puedes poner en práctica para dejar de preocuparte o, por lo menos, aprender a manejar mejor esa ansiedad que te provoca.

1. Establece un tiempo determinado para preocuparte

En el capítulo 3 del libro de Eclesiastés dice que «hay un tiempo para todo» (v. 1). Establece un tiempo determinado a lo largo del día para controlar esas preocupaciones. Puedes disponer de dos períodos de quince minutos, uno por la mañana y otro por la tarde. Ese es el tiempo para pensar únicamente en esos asuntos que te han generado angustia. Acompaña esta experiencia con la oración. De esa manera creas una misión y después puedes desconectarte hasta el próximo tiempo de preocupación. Siempre que una preocupación invada tu cabeza a lo largo del día, debes repetirte: «Este no es el tiempo. No es el momento de preocuparse».

2. Confecciona una lista de asuntos que te preocuparon

Haz una lista de cosas que te preocuparon en el pasado. Examina cuántas de esas cosas negativas se solucionaron de una mejor forma de lo que tú creías. También anota cuántas situaciones no cambiaron como temías. Sin embargo, fuiste capaz de enfrentarlas de todos modos. Al ser consciente con cuánta frecuencia tus preocupaciones son por nada, vas a eliminar una gran cantidad de preocupación innecesaria. Cuando estés preocupado, escribe con exactitud lo que te preocupa. ¿Qué es lo más malo que podría pasar? Luego, escribe las opciones que tienes para enfrentarte al peor escenario. Te aseguro que podrás llegar a la conclusión de que no vale la pena que te preocupes tanto por eso.

3. Piensa en algunos planes

Bajo la dirección de Dios, piensa en algún plan de acción. Identifica las alternativas que tienes a tu alcance. Discute la situación con personas a quienes admires y respetes por su sabiduría. Busca el consejo de gente que tenga madurez espiritual. De ser necesario, identifica a especialistas en el campo de tu preocupación. Hay inteligencia en buscar consejos. En ocasiones, otras personas van a ser capaces de darte sugerencias de acuerdo a sus conocimientos y experiencias. Aun si la otra persona no puede pensar en una solución, el solo hecho de desahogarte, abonará tu paz.

4. Analiza la situación con objetividad y valentía

Una de las peores características de la preocupación es que altera nuestros niveles de concentración. Cuando nos damos la oportunidad de encarar el problema, aceptarlo, analizarlo y evaluar todas sus dimensiones, es un paso importante para salir de la preocupación. Creo que hay personas que no afrontan el problema porque se han atado al papel de víctimas, y permanecer en estado de preocupación que respalda el estancamiento en la zona del sufrimiento. Sálvate del naufragio, no te quedes amarrado al barco que se está hundiendo.

5. No des paso a pensamientos negativos en tus espacios predilectos

No te preocupes en la cama o en tu sillón favorito. La hora de acostarte a dormir no es el momento para darle lugar a los pensamientos negativos que te generan ansiedad. Tampoco se le deben dar rienda suelta cuando estás acompañado de las personas que son las más importantes para ti. Debes manejar tus preocupaciones como un trabajo y no como parte de tu tiempo de recreación o descanso. Puedes imaginar esos pensamientos como si se trataran de nubes que planean sobre tu cabeza y que tú les permites que lo hagan solo durante el tiempo de preocupación, alejándolas después.

6. Si te dan limones, prepara limonada

¿Cómo reaccionas cuando recibes una mala noticia o un trago amargo en la vida? Mucha gente reacciona preocupándose, se desespera y su vista se nubla. Algunos lanzan insultos contra el mundo o se compadecen de sí mismos. Estoy convencida de que todos debemos aprender a hacer una limonada de los problemas. Lo importante no es lo que nos pasa en la vida, sino lo que hacemos con lo que nos pasa. Cuando me diagnosticaron cáncer, puse en mis redes sociales una foto mía con una máquina de hacer limonada y este comentario: «Lo que importa no es la clase de limón que nos entregue la vida, sino lo que hacemos con ese limón. Si la vida te da limones, prepara limonada». Hoy lo recuerdo desde mi sanidad total. Esta actitud puede marcar la diferencia entre la victoria o el desastre.

7. Refúgiate en distracciones

Distraerte no quiere decir que vas a evadir el problema. Cuando te angusties fuera de tu «tiempo de preocupación», debes buscar distracciones que permitan entretener tu mente y alejarte de esa ansiedad. Por ejemplo, puedes leer un buen libro, llamar a un amigo o solo escuchar tu canción favorita. Hay mecanismos muy buenos como colorear en libros de pintar de adultos, hacer arte en la Biblia, tejer, realizar manualidades, entre otros. No nos debemos permitir pensar más en lo negativo que en lo positivo que tenemos a nuestro alrededor. Vamos a darle a nuestras preocupaciones la atención que merecen, ni un poco más.

8. Deja de procrastinar

Muchas personas pueden ir por la vida con una gran cantidad de tareas sin terminar, grandes o pequeñas, importantes o cotidianas. ¿Eres de los que dejan las cosas «para luego»? Procrastinar es posponer las actividades, sobre todo las que nos resultan incómodas, difíciles o aburridas. Es hacer otras cosas que no son nuestra mayor responsabilidad en ese momento, lo que genera un círculo vicioso entre la ansiedad y la culpa. La procrastinación puede afectar tu autoestima y estado de ánimo. Una estrategia para manejarla es convertir la actividad que postergamos en una con carácter de urgencia para así tomar medidas. Otra estrategia es ponerte un tiempo límite para realizar la tarea, libre de la idea de que todo debe quedarte perfecto.

9. Usa los colores como terapia

Dios nos ha provisto todo para nuestra sanidad. Por eso cuando creó la tierra, vio y consideró que todo lo que hizo era bueno (Génesis 1:12). La cromoterapia, también llamada terapia del color, se basa en el efecto que tienen los colores en el cerebro. Todos los colores influyen en el estado de ánimo y en los sentimientos. He utilizado por años esta terapia con mis pacientes y he visto resultados extraordinarios. En el centro de consejería, cada color en la decoración tiene un propósito. Me ocurre con mucha frecuencia que cuando los pacientes entran a la oficina manifiestan que con solo llegar al lugar se sienten mejor. Para combatir las preocupaciones, los colores que puedes utilizar en la ropa, en tu casa y en tu trabajo deben ser el lila y el azul cielo, pues producen relajación. El blanco también es un color que ayuda a conseguir un estado de paz, relajación y bienestar con nosotros mismos. El verde claro se considera un color ansiolítico, refrescante y produce una sensación de calma.

10. Vence las fobias

Las fobias son una poderosa reacción de miedo que va más allá del peligro real de una situación. Este dato es importante: las fobias son miedos irracionales por lo que generan preocupación excesiva. Te recomiendo que seas consciente de lo que te dices internamente y de lo que se está recreando en tu imaginación cuando sientas las reacciones ansiosas de miedo. Siempre que se experimenta la sensación de temor, los pensamientos suelen ser catastróficos, diciéndote lo terrible y peligrosa que puede ser una situación. Si identificas una fobia intensa, que te afecta de manera significativa o que interfiera con las actividades de tu diario vivir, debes buscar ayuda profesional. La técnica por excelencia para afrontar las fobias es exponerte de forma gradual y sistemática al estímulo que te causa temor.

LOS ATAQUES DE PÁNICO

Uno de los mayores retos que hemos visto durante este tiempo es a personas que se enfrentan a ataques de pánico por primera vez en su vida. En el primer año de la COVID-19, ese fue el caso que los pacientes describían con mayor recurrencia en mi oficina. Un ataque de pánico es un episodio repentino de miedo intenso que provoca graves reacciones físicas. Estas reacciones pueden ser el resultado de estresores reales o cuando no existe ningún peligro real o causa aparente.

Los ataques de pánico pueden provocar mucho miedo, sobre todo porque no se logra comprender con claridad lo que se siente. Mis pacientes refieren que cuando se presenta un ataque de pánico, puedes sentir que estás perdiendo el control, que estás teniendo un ataque cardíaco, que se está a punto de un derrame cerebral o, incluso, que vas a morir. Por experimentar estos síntomas físicos, muchos son los que llegan a las salas de urgencias de los hospitales. En el hospital se trata de descartar que no haya ninguna condición fisiológica que les esté provocando tales síntomas. Al identificar que no es por nada que suceda en sus cuerpos, les explican que busquen ayuda médica o psicológica.

La mayoría de las personas tienen solo uno o dos ataques de pánico en toda su vida. El problema quizá desaparezca cuando se resuelve una situación estresante o traumática. No obstante, si tienes ataques inesperados y recurrentes de pánico, o pasas mucho tiempo con miedo constante de sufrir otro ataque, es probable que tengas una afección llamada «trastorno de pánico». A pesar de que los ataques de pánico en sí mismos no ponen en riesgo la vida, pueden provocar mucho miedo y afectar de manera significativa tu bienestar emocional, social y hasta espiritual.

Los ataques de pánico suelen comenzar de forma súbita. Llegan en cualquier momento, de manera inesperada y sin advertencia. Hay quienes dicen que les sucede mientras conducen el auto o se encuentran en un centro comercial, en el teatro y hasta en el cine. También cuando están profundamente dormidos, en medio de una reunión en el trabajo o en una experiencia de adoración en la iglesia. Se pueden tener ataques de pánico ocasionales o con frecuencia. Tienen muchas variantes, pero los síntomas suelen alcanzar su punto máximo en cuestión de minutos. Después que termina el ataque de pánico, puedes sentirte fatigado y muy cansado.

SÍNTOMAS DE LOS ATAQUES DE PÁNICO

Cuando se experimenta un ataque de pánico, pueden presentarse los siguientes síntomas:

- Pensamientos de peligro
- Problemas respiratorios con una sensación de ahogo
- Miedo a perder el control
- Sentimiento de que algo muy malo va a suceder
- Pensamientos sobre la muerte
- Sudoración que no se debe al calor
- Temblores o sacudidas en manos y piernas
- Opresión en la garganta
- Escalofríos
- Latidos fuertes en el corazón
- Sofocaciones
- Náuseas o deseos de vomitar
- Calambres abdominales
- Dolor en el pecho
- Dolor de cabeza
- Mareos
- Sensación de desvanecimiento
- Pueden ocurrir desmayos
- Entumecimiento u hormigueo en las extremidades
- Sentimientos de irrealidad, como en una sensación de que ves todo a través de una pantalla

La mayor inquietud que manifiestan los pacientes cuando vienen a terapia luego de haber experimentado ataques de pánico es el miedo intenso a que se repitan. Ese miedo puede ser tan fuerte que puede llevarlos a evitar determinadas situaciones en las que podría ocurrirle otro ataque. Esto suele interferir con las actividades cotidianas, alterando la calidad de sus vidas.

UN RAYO DE ESPERANZA

Para los grandes personajes bíblicos, la dependencia de Dios fue un rayo de luz al final de los túneles más oscuros. Por ejemplo, vemos en el rey David cómo en medio de sus más grandes luchas, debido a que lo perseguían, destacar y afirmar su seguridad en el Dios Altísimo para vivir confiado (Salmo 4:8).

Cuando leo la frase «vivir confiado», pienso en nuestro hijo Adrián. Cuando pasó el catastrófico huracán «María» por Puerto Rico, estuvo durmiendo tranquilamente toda la noche. El huracán fue devastador. Los ruidos que se escucharon esa noche eran ensordecedores. El sonido del viento era aterrador. Escuchábamos los árboles partirse y a algunos los vimos volando. Las lluvias fueron intensas, creando destrucción por todos lados. Entró una gran cantidad de agua a nuestra casa, por lo que mi esposo y yo pasamos la noche sacándola. Lo lamentable es que miles de puertorriqueños murieron como resultado de este fenómeno. Mientras todo esto sucedía, nuestro niño descansaba plácidamente, y cuando despertó, tenía una inmensa sonrisa.

En los últimos tiempos, hemos vivido una serie de terremotos. Por más de un año nuestro país no ha dejado de temblar con regularidad. Nunca he visto a mi hijo en desesperación, ni buscando en las noticias, ni entrando a las redes sociales para leer los peores pronósticos. Un día, durante el tiempo de encierro por la pandemia del coronavirus, estábamos desayunando en familia y Adrián grita con una carcajada: «¡Este año ha sido el más feliz!». Mi esposo y yo nos miramos asombrados, luego hablamos de lo mucho que debemos aprender del lente que utilizan los niños para interpretar la vida. Por eso Jesús declaró que debemos ser como niños:

> *«Y dijo: De cierto os digo, que si no os volvéis y os hacéis como niños, no entraréis en el reino de los cielos».*
>
> Mateo 18:3, RVR60

Nuestro hijo estaba muy alegre de que pasáramos juntos todos los días por meses. Estaba encantado de estudiar en el hogar, de que mamá y papá le prepararan todas las comidas. Incluso, de disfrutar a nuestra perrita Lucero, la que también se veía muy feliz porque no se quedaba sola en casa. Pienso que así deben ser nuestras reacciones cuando la confianza está depositada en el Señor. Aunque haya desolación o destrucción a nuestro alrededor, tendremos paz en nuestro interior.

Al igual que los niños, los adultos tenemos la capacidad de controlar nuestros pensamientos y determinar que serán muy pocas las preocupaciones que estarán en nuestra mente. Si padeces de ataques de pánico, párate firme sabiendo que en Dios puedes vivir confiado. Entonces, cuando comience la sensación de que iniciará el episodio, dale una orden inmediata a tus pensamientos y determina que el ataque de pánico no tomará el control. Afirma con poder y autoridad la Palabra de Dios:

«Porque no nos ha dado Dios espíritu de cobardía, sino de poder, de amor y de dominio propio».

2 Timoteo 1:7, LBLA

Cuando lleguen los pensamientos de miedo y ansiedad, no le des cabida. Desarma el pensamiento negativo y sustitúyelo por pensamientos de paz. Puedes repetir, para tus adentros, las promesas que Dios le ha dado a tu vida. Comienza a reflexionar en el amor de Dios. El amor que nos regala el Señor es un arma poderosa contra el temor. Otras técnicas para manejar los ataques de pánico son las siguientes:

- Respira profundamente
- Cierra los ojos y piensa en tus bendiciones
- Encuentra un objeto en el que te puedas enfocar para desviar tu atención de los síntomas

Creo que podrás vencer en el nombre poderoso de Jesús y que tus pensamientos se alinearán a los del cielo. Toda semilla de temor y ansiedad se seca, y renace el gozo y la paz que se pagaron para ti en la cruz del Calvario. ¡Declaro que de ahora en adelante eres libre!

Oración

Mi Dios:

En medio de cualquier preocupación, concédeme la tranquilidad para escucharte. Preserva mi alma con serenidad. Llena mi corazón de gozo y agradecimiento por todas las cosas. Hoy, pongo mi fe en ti. Aun en los momentos de mayor incertidumbre, me tomas de la mano para caminar juntos hacia el cumplimiento de un propósito glorioso. Activo toda autoridad y poder sobre cualquier emoción y síntoma que experimente, y que no procede de ti. Me aferro a lo que proviene de tu amor porque eso es bueno. En el nombre poderoso de Jesús, amén.

Afirmaciones

Te invito a que repitas las siguientes afirmaciones:

- Me ajusto sin miedo a las circunstancias.
- Organizo mi alma en sintonía con la paz de Dios.
- Cuando sienta ansiedad, meditaré en las promesas del Señor.
- El temor ya se canceló.
- He vencido sobre el valle de las sombras.
- Dios me consuela en la senda del dolor.
- Su fidelidad me sostiene.

Tus propias afirmaciones

_____

_____

_____

_____

_____

_____

Ejercicios para contestar, reflexionar y aplicar

1. ¿Cuáles son tus mayores preocupaciones en estos momentos?

_____

_____

_____

_____

_____

2. ¿Qué identificas en lo que te dice Dios sobre los asuntos que te preocupan?

_____

_____

_____

_____

_____

3. ¿Qué promesas de la Biblia conoces que pueden ser un antídoto para tus preocupaciones?

_____

_____

_____

_____

_____

4. Según lo que aprendiste en este capítulo, ¿qué debes hacer si sientes que te está comenzando un ataque de pánico?

_____

_____

_____

_____

CAPÍTULO 5

JESÚS ANTE LA TRISTEZA Y LA ANSIEDAD: UN MODELO A SEGUIR

*«Despreciado y desechado entre los hombres, varón de dolores,
experimentado en quebranto; y como que escondimos de él
el rostro, fue menospreciado, y no lo estimamos. Ciertamente
llevó él nuestras enfermedades, y sufrió nuestros dolores;
y nosotros le tuvimos por azotado, por herido de Dios y abatido.
Más él herido fue por nuestras rebeliones, molido por nuestros
pecados; el castigo de nuestra paz fue sobre él, y por su llaga
fuimos nosotros curados».*
Isaías 53:3-5, RVR60

¿Cómo eres cuando las cosas en tu vida marchan a pedir de boca? ¿Cómo te sientes cuando todo va bien y de la manera que lo planificaste? ¿Cómo reaccionas cuando las cosas no te salen como las esperabas? ¿Cómo lidias con las crisis? Puede ser complicado reaccionar con alegría, tranquilidad, serenidad, paz y amor cuando las circunstancias adversas e inesperadas tocan a nuestra puerta. Es muy duro conservar la serenidad cuando nos invaden las pérdidas y los dolores existenciales. Son muchas las personas que ante los dolores de la vida experimentan miedo, inseguridad, tristeza y ansiedad. Si queremos evaluar la sabiduría emocional de alguien y su fortaleza del alma, no debemos analizarla en las primaveras, sino en los inviernos de su existencia. Sufrir es un fenómeno complejo y el escenario en el que se manifiesta el «verdadero yo».

Si de alguien tenemos registro que padeció un sinnúmero de dolores emocionales y de experiencias fortísimas, es nuestro amado Señor Jesucristo. Creemos que Él fue totalmente Dios y totalmente hombre. Ya lo explica el apóstol Pablo en su carta a los filipenses:

> *«Haya, pues, en vosotros este sentir que hubo también en Cristo Jesús, el cual, siendo en forma de Dios, no estimó el ser igual a Dios como cosa a que aferrarse, sino que se despojó a sí mismo, tomando forma de siervo, hecho semejante a los hombres; y estando en la condición de hombre, se humilló a sí mismo, haciéndose obediente hasta la muerte, y muerte de cruz».*
>
> Filipenses 2:5-8, RVR60

Nuestro amado Señor no consideró su igualdad con Dios y toda la majestuosidad que eso implica. Cualquiera podría tomar esto como algo a lo que darle importancia, y a lo cual adherirse y aferrarse a toda costa. Sin embargo, Él se hizo insignificante por amor.

En un acto sublime de rendición al Padre celestial, y por obediencia en su condición de «encarnado», renunció a la gloria que le pertenecía. No le dio importancia al más alto nivel de majestad. En su lugar, asumió con total nivel de gallardía las limitaciones de la vida humana para convertirse en el mediador entre los seres humanos y Dios, a fin de ser el Salvador de toda la humanidad.

En lugar de caminar por la tierra alardeando de ser soberano, llegó a ser un siervo con la bandera del mensaje de que quien quiera ser grande debe servir. Sustituyó las ropas de la realeza por una túnica de carpintero. Además, renunció al despliegue de un rey en su majestuosidad y a todos los privilegios. Cuando reflexionamos a profundidad en esto, nuestra alma irremediablemente se motiva para adorarle.

Los romanos consideraban la crucifixión como un acto degradante en extremo. No permitían que se crucificara a ninguno de sus ciudadanos. En la mentalidad de los judíos, todo el que se crucificaba estaba maldito. Sin embargo, Dios lo exaltó hasta el nivel más alto para que en el nombre de Jesús se doble toda rodilla de los que están en el cielo, de los que están en la tierra y debajo de la tierra. (Lee Filipenses 2:9-10). Todo lo que Jesús dejó a un lado y todo de lo que se despojó, se le restituyó en gran medida. Él es por siempre el Rey de reyes y Señor de señores.

En su estado humano, todo lo sufrió tanto a nivel físico como a nivel emocional. Navegó por las apacibles y a veces turbulentas aguas de los sentimientos y las emociones. Superó momentos muy complejos y difíciles. Con su vida nos enseñó que las decepciones, las desilusiones, las frustraciones y las pérdidas siempre sucederán, pero nuestra actitud, determinación y dependencia del Padre celestial marcan la diferencia.

JESÚS CAUTIVA LA MENTE HUMANA

Jesús, en el plano humano, experimentó todo tipo de experiencias en el campo de las emociones. No existe ningún dolor emocional que hayamos experimentado en el pasado, ni que estemos viviendo en el presente, ni que enfrentemos en el futuro que Jesús no lo pueda comprender, pues Él pasó por todos. Por esta razón es que puede ser empático con nosotros y entendernos en los desiertos más áridos de la vida.

¿Te han traicionado? Jesús te entiende.

¿Has lidiado con gente tóxica? Jesús te entiende.

¿Has pasado por episodios profundos de tristeza? Jesús te entiende.

¿Has experimentado ansiedad hasta llegar al más alto grado de angustia? Jesús te entiende.

¿Te ha desilusionado la gente? Jesús te entiende.

¿Has tenido que perdonar? Jesús te entiende.

¿Te han abandonado? Jesús te entiende.

¿Has atravesado pérdidas? Jesús te entiende.

¿Has querido abandonarlo todo? Jesús te entiende.

Tal y como nos muestra el autor del libro de los Hebreos:

> *«Porque no tenemos un sumo sacerdote incapaz de compadecerse de nuestras debilidades».*
>
> Hebreos 4:15

Si hacemos una evaluación con ojo clínico, nos damos cuenta de que Jesús tenía todos los motivos para sufrir depresión y ansiedad. Padeció experiencias muy estresantes con carencia de apoyo psicológico, soledad, exposición a situaciones traumáticas y abuso, entre otras.

Atravesó y experimentó en su campo psicológico el «valle de sombra de muerte». Lo tentaron en medio de las presiones sociales y emocionales más terribles. Sin embargo, por lo que vemos en los Evangelios, mantuvo una salud mental óptima y reflejó un carácter equilibrado. Vivió todo tipo de sufrimiento, pero no se dejó dominar ni controlar por el abatimiento ni por el dolor emocional.

En su transitar por la tierra, la vida de Jesús estuvo enmarcada dentro de desafíos, tristezas, traiciones, angustias, pérdidas, injusticias y frustraciones. Con esto tuvo todos los factores precipitantes de una depresión o de un trastorno de ansiedad. Haciendo un análisis de los aspectos psicológicos de Jesús, podemos ver que fue un hombre alegre, dinámico, seguro de sí mismo, con gran inteligencia emocional, y lleno de paz, tranquilidad y serenidad. Dentro de esta evidencia, afirmo que el Señor representa un gran ejemplo para nosotros sobre el hecho de que se puede vivir, en esencia, una vida gozosa y victoriosa en medio de las circunstancias.

Las grandes ciencias humanas y sociales deben darle una mirada cada vez mayor a las enseñanzas de Jesús. No solo por lo que salió de su boca, sino por lo que es más importante aún, debido a la forma en que vivía y cómo intervenía con las personas. La psiquiatría, la psicología, la consejería profesional, el trabajo social y otras disciplinas, tienen mucho que aprender de Jesús. Cómo pensó, cómo reaccionó, cómo interpretó las experiencias, cómo amó, cómo le dio importancia al alma, cómo levantó al caído, cómo utilizó la misericordia, todas estas vivencias de nuestro Señor contienen grandes lecciones.

La personalidad, el temperamento y la identidad de Jesús son de gran interés y a muchos les resulta totalmente fascinante. Por esto, más de dos mil años han pasado y sigue siendo un enigmático imán atrayente. Jesús, en su belleza del alma, no tiene comparación. Sigue cautivando a la mente humana por el poder sanador y liberador que hay en su vívido mensaje.

JESÚS Y EL SUFRIMIENTO

¿Cuál suele ser el efecto del sufrimiento en las personas? En el transitar terrenal de Jesús, los sufrimientos en lugar de hundirlo, acrecentaban su inteligencia emocional y lo desarrollaban en un nivel más profundo de espiritualidad. Ante el sufrimiento, siempre nos vamos a encontrar frente a una dualidad de alternativas:

- ¿Me quedo en el quebrantamiento o me levanto?
- ¿Dejo que la tristeza se apodere de mi vida o la supero?
- ¿Me dejo arrastrar por el dolor emocional o lo trasciendo?
- ¿Permito que esta experiencia me mate o la utilizo como escalón para desarrollarme?

En Jesús contemplamos cómo las crisis en lugar de destruirlo, refinaron su arte de transformarlas en ganancias para Él y para quienes le rodeaban. El sufrimiento es parte de la experiencia humana. Prácticamente es imposible de evitar. En algunas ocasiones sufriremos por las decisiones de terceros; en otras, sufriremos por nuestras propias acciones. En algún momento nos ha tocado sufrir por una cosa o la otra. En Jesús hasta estaba profetizado sobre su vida que sufriría:

> *«Despreciado y rechazado por los hombres, varón de dolores, hecho para el sufrimiento».*
>
> Isaías 53:3

Si de alguien tenemos registro de que fue resiliente es Jesús. ¿Qué es la resiliencia? Suele describirse como la capacidad que poseemos los seres humanos de sobreponernos a las experiencias más duras de la vida. El sufrimiento es inevitable, pero mantenerse en estado de aflicción es opcional.

El Señor lidió con el sufrimiento con mucha eficiencia. Las traiciones, en lugar de desanimarlo, se convertían en una oportunidad para manifestar el perdón. Las injusticas, en lugar de abatirlo, las utilizaba como un escalón para poner en acción la compasión y la misericordia.

El amor fue el vehículo principal que el Señor utilizó para combatir el dolor emocional infligido por otras personas. Jesús fue el amor encarnado y viviente. Según se nos ha enseñado en el mundo, se espera que te vengues si alguien te hizo mal. Pagar mal con mal sería lo justo. Hasta se divulga el paradigma de que si una persona no devuelve el golpe que le infligieron, es débil o cobarde. Según lo que Jesús enseñó, y fue un ejemplo, es que el mal se paga con el bien. Amar a quien te ama y te bendice es bueno. Jesús, en cambio, manifestó que si lo haces con quien te hace daño, la recompensa es mucho mayor.

Jesús alivió el dolor de todas las personas que lo seguían, lo buscaban y confiaban en Él. Sin embargo, cuando tuvo que lidiar con sus propios dolores emocionales, actuó con naturalidad, negándose a usar su poder. Fue feliz y nos enseña la importancia de la felicidad cuando habla del gozo. De su personalidad podemos extraer profundas y útiles lecciones existenciales y eternas. Ver la vida emocional y social de Jesús abre las ventanas de nuestras mentes. Una vez que lo conocemos, nunca volvemos a ser los mismos.

Jesús no se turbaba cuando sus seguidores no le correspondían de acuerdo a sus expectativas. No sufría esperando mucho de la gente. Esto suele ser una de las claves para la felicidad, pues evitamos desilusiones. Un motor común del sufrimiento es la frustración ante alguien que no satisfizo lo que esperábamos o que no cumplió con nuestras expectativas. Nuestro Señor comprendía a la perfección las debilidades humanas. Reconocía sus fragilidades y amaba a las personas tal y como eran.

A diferencia de muchos padres, educadores y ministros, el Señor no usaba cada error y dificultad de sus íntimos para acusarlos, degradarlos y empequeñecerlos, sino para que evaluasen sus propias historias. No se angustiaba mucho por corregir los comportamientos manifiestos de los más cercanos. Más bien, siempre tenía una palabra de exhortación y los guiaba a la introspección. Se empeñaba en estimular sus pensamientos y que expandieran la comprensión de los horizontes de sus vidas.

Jesús no se dejaba aprisionar por la ansiedad. Tuvo fuertes momentos de ansiedad, pero en definitiva no rigieron su vida. Era amigo íntimo de la paciencia y el Príncipe de paz. Sabía crear una atmósfera agradable y tranquila, aun cuando el ambiente a su alrededor estuviera turbulento. Por eso decía:

> «Aprendan de mí, pues yo soy apacible y humilde de corazón, y encontrarán descanso para su alma».
>
> Mateo 11:29

Todo conspiraba en su contra para que fuera un paciente de depresión, y aunque tuvo momentos y experiencias verdaderamente tristes, nada lo derrumbó por completo. Aunque manifestó profundos pesares, su confianza era tanta que ya proclamaba por anticipado la victoria sobre una guerra que aún no había emprendido. Una guerra que enfrentaría solo y sin armas en el caos de la cruz. La tuvo que enfrentar solo, pues lo abandonaron en el momento en el que más necesitaba a la gente que amaba. Judas, quien era de la total confianza de Jesús, lo vendió; y Pedro, un discípulo muy amado por el Señor, lo negó. Sin embargo, antes de que comenzara todo su peor proceso, Él fue quien los apoyó, animó y les sirvió de sostén. Incluso, procuró la alegría en momentos de tristeza. Él afirmó: «Para que tengan mi gozo completo en sí mismos» (Juan 17:13, LBLA).

LA SABIDURÍA EMOCIONAL DE JESÚS

La armonía que Jesús demostró con una personalidad equilibrada, en la que no se dejaba arrastrar por emociones negativas, me parece que tuvo que ver con la combinación de la serenidad de su mente y la integración adecuada de sus experiencias de amor por la humanidad. Lo lamentable es que la cultura de lo virtual, y nuestra entrada en la era digital, han creado un mundo tan artificial y desequilibrado que nos aleja cada vez más de los principios de paz, conexión humana y las expresiones afectivas. Podemos estar tan inmersos en la rutina mecanizada que nos distanciamos del modelo de Jesús: servicio, conexión, contemplación, bondad, amor, empatía y afecto. Ante el sufrimiento y los desafíos de la vida, el Señor demostró gran inteligencia emocional.

Durante estos años como investigadora de la conducta humana, me he percatado de la gran importancia que tiene la capacidad de identificar y conocer nuestras emociones. A la vez, desarrollamos la habilidad de lidiar de forma eficiente con las emociones de los demás. Siendo Jesús el gran maestro de la sabiduría emocional, se nos desafía a desarrollar esta extraordinaria habilidad.

La inteligencia emocional es una destreza que se cultiva, se trabaja y crece. El hecho de que al reconocer a Jesucristo como nuestro Señor y Salvador seamos nuevas criaturas (2 Corintios 5:17), no quiere decir que los asuntos psicoemocionales quedaron resueltos, solucionados y sanados de forma automática. Todos nos encontramos en un proceso de madurez y crecimiento continuo. Es muy necesario desarrollar esta habilidad, pues todos nos encontramos en posiciones de influir en otros y de hacerlo en nosotros mismos también.

¿QUÉ CARACTERÍSTICAS TIENE UNA PERSONA CON INTELIGENCIA EMOCIONAL?

La persona con inteligencia emocional se destaca, entre otras cosas, de la siguiente manera:

- **Reconoce sus fortalezas y puntos de mejoramiento**
  Esta clase de persona identifica y tiene claro sus pensamientos, acciones y reacciones. Distingue bien los aspectos en los que encuentra satisfacción y establece cuáles deben modificarse. Conoce sus puntos fuertes y acepta lo que debe mejorar. No deja de trabajar en sí mismo para convertirse en una mejor

versión. Jesús tenía unas convicciones contrarias a las de su época, pues Él enseñaba sobre la importancia del desarrollo interior. Quería dar lugar a personas que se interiorizaran, y que esto fuera un fundamento más fuerte de lo que se puede proyectar en el exterior.

- **No presenta contradicciones entre lo que piensa, habla ni en cómo vive**

  Hay armonía entre lo que manifiesta por fuera y en cómo vive por dentro. Son personas asertivas. La asertividad es la habilidad de manifestar y expresar nuestros sentimientos de una manera directa, franca y firme, pero sin dejar de ser amables y mostrar amor. Jesús hablaba lo que sentía, y en cada ocasión vemos que hubo sintonía entre lo que decía y el testimonio que les reflejaba a los demás. Manifestó siempre lo que estaba en su interior, pero usando de manera permanente la bandera de la misericordia, del amor y de la gracia.

- **Expresa sus opiniones, pero sin lastimar**

  La aproximación que tiene con las demás personas es con el fin de alentar y edificar. Jesús conocía a la perfección las limitaciones humanas y lo difícil que es gobernar nuestras reacciones en los momentos estresantes. Era consciente de que nos equivocamos y castigamos con facilidad, o castigamos a los demás. Siempre generó un clima tranquilo y conciliador en sus relaciones interpersonales. Nunca humilló, ni denigró a nadie. Dijo lo que pensaba, pero siempre lo hizo alzando la bandera del amor y de la compasión.

- **Se levanta de las crisis de la vida**

  No se rinde. No se queda en el suelo. No renuncia ante las presiones. Los momentos dolorosos y los más críticos se convierten en un escalón de aprendizaje y transformación. A Jesús se le presentaban constantemente situaciones que eran para que se rindiera. Lo persiguieron, criticaron, tentaron, traicionaron y probaron. Sin embargo, se proyectó centrado en sus objetivos. Su gran momento de dolor fue su catapulta a la victoria. ¡Venció!

- ## Vive en gratitud

Tiene la habilidad de hacer inventarios de sus bendiciones. Se concentra más en las cosas positivas que le suceden, en lugar de priorizar las negativas. A través de los Evangelios identificamos a Jesús como una persona agradecida. Algunos ejemplos donde Jesús le demostró su gratitud al Padre celestial son:

1. Cuando fue a orar por la resurrección de Lázaro, dando gracias a Dios por haberlo oído (Juan 11:41). Antes de que se hiciera manifiesto el milagro de la resurrección de su amigo Lázaro, ya Jesús le estaba dando gracias al Padre porque lo había escuchado. En esto está contenida una gran enseñanza: Debemos dar gracias de forma anticipada por el milagro que esperamos. La fe es que aun cuando nuestros ojos físicos no han visto nada, ni nuestros oídos carnales han escuchado, creemos que el Padre ha concedido nuestra petición.

2. En lo que conocemos como «la última cena», cuando se encontraba próximo a su arresto y a la crucifixión, dio gracias por la copa que tipificaba su sangre derramada en la cruz (Lucas 22:17). Se encontraba a las puertas de enfrentarse a un rudo arresto. Sus amigos no iban a estar cerca. Estaba a pocas horas del escarnio y la tortura, pero tuvo la capacidad de dar las gracias en medio de las circunstancias que enfrentaba.

3. Cuando multiplicó los panes y los peces, dio gracias antes de que se materializara el milagro (Mateo 15:36). Dio gracias demostrando fe y convicción de que Dios contestaría su oración. Cuando aprendemos a ser agradecidos, somos testigos de milagros y portentos. Jesús nos enseña que al dar las gracias reconocemos que nuestra confianza está puesta en Dios.

Estoy agradecida de que nuestro amado Señor Jesús manifestara en público sus emociones y sentimientos. Cuando vemos su intachable carácter y su personalidad equilibrada, tenemos el más grande de los modelos para vivir psicológicamente saludables. Cuando tratamos de imitarlo, que es lo que nos corresponde como cristianos, nuestro mundo interior se revoluciona por completo y nos cambia para siempre.

Jesús vino para darnos vida y dárnosla en abundancia (Juan 10:10). Vino para sanarnos psicológicamente, para levantarnos si estamos caídos, para restaurar nuestra alma, y brindarnos el más poderoso ejemplo de fortaleza y dependencia de Dios.

Oración

Bendito Dios:
¡Gracias por Jesús! Gracias porque estoy a salvo en Él, tanto en mi cuerpo, como en mis emociones. Gracias por el ejemplo de su vida. Gracias porque es el mejor ejemplo a seguir para llevar una vida victoriosa. Gracias porque es un campeón de esperanza ante el dolor más profundo. No hay nadie como Él para fortalecernos en las tempestades más crueles de la vida. Él vino a sanar a los quebrantados de corazón. Solo Él es capaz de darle sentido a todo lo que no lo tiene. ¡La belleza de su ser, su sacrificio, su resurrección y la profundidad de su amor me han hecho libre! En el poderoso nombre de Jesús, amén.

Afirmaciones

Te invito a que repitas las siguientes afirmaciones:

- Por cuanto Cristo venció, soy más que vencedor.
- Puedo superar momentos complejos en Jesús.
- El Señor me entiende ante el dolor emocional.
- Soy comprendido ante el sufrimiento.
- Tengo a alguien que puede compadecerse ante mis debilidades.
- En Jesús tengo un modelo de que se puede vivir de una manera victoriosa a pesar de las crisis.
- Puedo mantener una salud mental óptima y un carácter equilibrado.

Tus propias afirmaciones

_____

_____

_____

_____

_____

Ejercicios para contestar, reflexionar y aplicar

1. ¿Cómo te hace sentir el hecho de que Jesús puede ser empático contigo en el sufrimiento?

_____

_____

_____

_____

2. Según el modelo de Jesús, ¿qué cosas podrías hacer para lidiar con el dolor emocional? Por ejemplo, a través de la oración.

_____

_____

_____

3. ¿Qué actitudes puedes cambiar en tu vida para proyectarte como un imitador de Jesús en los momentos de aflicción?

_____

_____

_____

4. ¿Qué es lo que puedes testificarles a otros en cuanto a quién ha sido Jesús en medio de las tribulaciones y angustias que has atravesado?

_____

_____

_____

CAPÍTULO 6

EL PERDÓN COMO RECURSO SANADOR

«Padre, perdónalos, porque no saben lo que hacen».
Lucas 23:34, NTV

El perdón es un milagro. Me he dado cuenta de que, por lo general, las personas deciden perdonar cuando se percatan de que permanecen como heridas ambulantes si no lo hacen. Es fascinante para mí ver cómo el perdón funciona como ansiolítico y antidepresivo.

Nadie hace planes para recibir una herida, una infidelidad, una traición o una venganza. Quizá soportaras el maltrato en tu infancia y todavía estés batallando con las secuelas que esto le trajo a tu vida. Tal vez quien te dañó fuera un pariente cercano. A lo mejor la disfunción en tu hogar de origen provocara que casi todas tus relaciones interpersonales resulten complejas para ti. Es posible que vivas con ira hacia tu madre, padre, un hermano, abuelo, primo, un ministro, una expareja o quien sea que identifiques que haya tenido un impacto negativo en tu vida. Quizá sea un esposo a quien sientes distante, frío e inexpresivo. Un cónyuge cuyas prioridades y valores no coinciden con los tuyos. Alguien que a menudo te olvida o te desatiende suele ser muy doloroso y generar profundos sentimientos de vacío. A lo mejor se trata de un supervisor o jefe en tu área de trabajo por el que te sintieras marginado o menospreciado. Es posible que sea un pastor el que te traicionara o te destruyera. Estos eventos ocurren. Esta clase de experiencias suelen ser repentinas o lentas, pero dolorosas, destructivas, que nos dejan sin aliento y con un profundo peso en el pecho.

Lo lamentable es que parece no haber límites a las heridas que los seres humanos les puedan causar a otros. Han sido muchas las experiencias que he tenido en la oficina de consejería que me han conmovido hasta la fibra más íntima del ser. Entonces, cuando he creído que lo he escuchado todo, me sorprendo una vez más, puesto que el agravante principal para el dolor es el que provocó el daño. A menudo, son personas cercanas a quienes se les brindó toda la confianza, a quienes hasta se les entregó la vida entera. Es comprensible que el perdón sea más complicado si el que infligió el daño sea alguien a quien has amado, protegido, respetado o ayudado.

Cuando las personas se enfrentan a dolores emocionales, se detienen ante esta encrucijada: «¿Sigo cargando el dolor o me libero a través del perdón?». Con el paso del tiempo, vemos las consecuencias y los resultados de una u otra elección. El perdón comienza con tomarse la decisión. Sin importar cuán seria fuera la herida ni cuán profundamente nos lastimaran, Dios ya ofreció su gracia para ayudarnos a vencer.

Es fascinante ver cómo algunos tienen una admirable habilidad para perdonar. De seguro que hay unas personas que perdonan con más rapidez que otras. ¿Por qué esto es así? Me parece que han sido personas que padecieron experiencias dolorosas y que ya comprendieron los beneficios de perdonar. Otro factor es la espiritualidad. Mientras más íntima y profunda sea la relación que las personas tengan con Dios, más fácil les resultará perdonar y seguir adelante.

A algunas personas se les hace muy difícil perdonar y lo lamentable es que llevan mucho tiempo cargando una herida psicológica que las estanca, las atrasa y no les permite ser felices. Para hablar del perdón, lo justo es que reconozcamos la realidad del dolor que se ha infligido. Si no nos hubieran lastimado, no habría necesidad de perdonar.

Cuando te hablo de heridas, ¿qué es lo que viene a tu mente? ¿Recuerdas cuánto te dolió? En una escala del 1 al 10, ¿cuánto te duele aún? Es imposible vivir en plenitud y gozo sin haber perdonado. Los que mantienen sus memorias activas con los momentos en los que les hirieron casi siempre están llenos de amargura. Literalmente viven en ese momento del pasado, así haya ocurrido hace más de veinte años.

Uno de los mayores problemas que tienen las personas lastimadas es su tendencia a herir a otros, aun cuando esa no sea su intención consciente. Precisamente hace unos días estaba mirando la foto de una persona que fue muy amada y significativa para mí. Observé con detenimiento sus ojos. Me causó tristeza ver cómo destilaban enojo. Fue una experiencia a la que el Señor me llevó para que pudiera seguir entendiendo su alma. Sin duda, es alguien que luchó mucho en su interior porque fue dañada en gran medida por quienes se suponía que la cuidaran en su niñez. Mientras no completamos el proceso de perdonar, ese enojo puede estar latente.

Perdonar es deshacerse de la amargura. Cuando nos negamos a perdonar, le damos lugar a la aflicción y a la ira. Ganan terreno en nuestra mente y se salen con la suya dañando la forma en que nos tratamos a nosotros mismos, la forma en que somos con los demás, y hasta nos podemos insensibilizar a la voz del Espíritu Santo.

Son muchos los que han tomado la decisión de perdonar, pero es todo un proceso convertir ese deseo en acción. La realidad es que mientras más rápido se perdone a nuestros ofensores, mucho mejor será para nosotros. Esta es la principal razón por la que no tenemos que esperar a que las personas que nos han dañado nos pidan perdón para entonces perdonarles. No debemos condicionar el darle un cierre emocional a los daños que nos han infligido al hecho de que haya una admisión de falta en el ofensor. En muchos casos, los que nos lastimaron no piden perdón, ni siquiera tienen la conciencia de reconocer el daño que nos hicieron. Perdona aunque nunca te admitan que te hicieron daño. ¡Sé libre!

¿CUÁLES SON LOS BENEFICIOS DEL PERDÓN COMO ESTRATEGIA TERAPÉUTICA?

El perdón tiene un efecto positivo en forma bidireccional. Es bueno tanto para quien lo otorga como para quien lo recibe. Es una decisión que no debe forzarse. Cada persona tiene una experiencia peculiar en el proceso de perdonar. Cuando se entiende la profundidad y la plenitud que se alcanza al perdonar, la acción de perdonar se genera de una manera menos complicada.

1. El perdón produce restauración

«Mirad bien, no sea que alguno deje de alcanzar la gracia de Dios; que brotando alguna raíz de amargura, os estorbe, y por ella muchos sean contaminados». (Hebreos 12:15, RVR60)

¡Cuántas veces he escuchado salir de los labios de mis pacientes después de perdonar la expresión: «Un peso muy grande ha caído de mis hombros»! Soy privilegiada de haber escuchado a menudo esta declaración y de ser testigo de la liberación que produce el perdón. Cuando las personas completan el proceso de perdonar, suelen sentirse más felices, con mayor confianza en sí mismas, se aceptan mejor y caminan por la vida con mayor ímpetu. Reconozco que la decisión de perdonar no es fácil, sobre todo cuando no se ha producido el reconocimiento de quien nos lastimó. Sin embargo, es la única manera de seguir adelante. La mejor ruta es la que produce la restauración de nuestra alma y esa es la senda del perdón. Si tomamos el camino de atarnos al dolor de lo que nos han hecho, esa amargura echará raíces en nuestra alma. Entonces, a su tiempo, esa raíz brotará y no solo nos causará daño a nosotros, sino también a las personas que nos rodean.

2. El perdón trae paz

«Busquen a paz con todos, y la santidad, sin la cual nadie verá al Señor». (Hebreos 12:14)

No hay límites en la paz que se experimenta cuando se perdona. Una vez que se aprende a perdonar se puede dormir mejor, se sonríe más y se disfruta de una tranquilidad sin igual. Hay demasiada ansiedad en una persona que guarda rencores o, lo que es peor, que está a la espera de que la persona que le dañó pague lo que le hizo. La falta de perdón puede representar un obstáculo en nuestra relación con nosotros mismos, con Dios y con los demás. No debes esperar el momento de «sentir perdonar». Te invito a que tomes la determinación de perdonar hoy mismo. Nada ni nadie deben tener la autoridad de quitarte la paz. Mientras no se perdona, le estamos dando a otra persona ese poder sobre nuestras emociones.

3. El perdón provee salud física

«Por lo cual, levantad las manos caídas y las rodillas paralizadas; y haced sendas derechas para vuestros pies, para que lo cojo no se salga del camino, sino que sea sanado». (Hebreos 12:12-13, RVR60)

He visto cómo la falta de perdón ha deteriorado la salud de personas que conozco. Creo que todos podemos decir que conocemos a alguien que ha destrozado su vida porque no ha perdonado. Vemos su deterioro físico. Se ha investigado que hasta pueden padecer de dolores imaginarios; es decir, no tienen ninguna condición médica que les provoque el dolor en su cuerpo, pero por causa de la falta de perdón, el cerebro envía una orden donde el dolor emocional se refleja en lo físico. La mente aprende y le enseña al cuerpo a ejecutar acciones de experimentar dolor mediante repeticiones hasta que el cuerpo fija esa acción y la puede repetir de forma automática. El perdón, en cambio, trae alivio y curación. Existe evidencia científica de que las personas que perdonan son más saludables, sufren menos estrés y tienen presión arterial más baja. Los que se niegan a perdonar afrontan un riesgo mayor de enfermedades coronarias, cardiovasculares y algunos tipos de cáncer.

¿QUÉ «NO ES» EL PERDÓN?

Más que venir a preguntarme sobre qué es el perdón, los pacientes suelen tener muchos más interrogantes sobre lo que no es el perdón. Hay quienes se sienten mal consigo mismos porque aunque han dado pasos importantes sobre perdonar, están confundidos y llegan a pensar que no han perdonado cuando sí lo han logrado de veras. La confusión está basada en lo que por tradición han aprendido sobre lo que es el perdón y nunca han escuchado lo que NO es el perdón. Espero con todo mi corazón que este conocimiento te brinde alivio y no te sometas a experiencias que te sigan dañando.

1. El perdón no es olvidar

El olvido no existe. Todo queda registrado en nuestra memoria consciente o inconsciente. No podemos usar el olvido como un cronómetro para medir si hemos perdonado porque no estamos dentro de lo que es la realidad de nuestro funcionamiento mental. Todos, en algún momento dado, podríamos pensar en lo extraordinario que sería si pudiéramos borrar de nuestro cerebro lo ocurrido. Podemos sentirnos tentados a pedirle a Dios que tome un borrador milagroso y que de una sola pasada quite de nuestras mentes todo el dolor del pasado. Ahora bien, cuando logramos completar el proceso de perdonar, aun cuando lleguen los recuerdos, estos no nos dolerán.

2. El perdón no es aprobar

Aprobar una conducta negativa en otros puede generar que esa conducta se siga repitiendo. Para que las personas logren cambiar lo que no está bien necesitan ver consecuencias de sus actos. Esto no quiere decir que no vamos a tener compasión. La misericordia es necesaria siempre. Sin embargo, otra cosa muy distinta es aprobar las acciones dañinas y pasarlas por alto como si nada hubiera pasado. Cuando hacemos esto, no nos respetamos a nosotros mismos.

3. El perdón no es justificar

La gran mayoría de las personas que lastiman es porque tienen un bagaje donde a ellas las lastimaron también. Son heridos que hieren. Esto no minimiza ni disminuye el dolor que causaron, pero contribuye a nuestro proceso de restauración. No es justificarlos, sino que el perdón ayuda en gran medida cuando entendemos las raíces que provocaron el daño.

4. El perdón no es aceptar la situación

Todos tenemos el derecho, dado por Dios, de no mantenernos en situaciones donde seamos cíclicamente lastimados, humillados, denigrados, menospreciados o maltratados. Si este es tu caso, debes salir corriendo de esa situación. Decidimos de quién permanecer cerca o estar lejos. Para nuestra integridad emocional, espiritual y hasta física es importante cortar relaciones que nos producen daño.

5. El perdón no es reestablecer relaciones

Cuando perdonamos, manifestamos las dimensiones del fruto del Espíritu como el amor, la benignidad y la paz. Puede significar que de una manera honesta y sincera has llegado a ciertos términos tanto con la ofensa, como con la persona que la causó. Aun así, esto no quiere decir que tengas que restablecer la relación como la tenías antes. De ninguna manera perdonar tiene que significar en todos los casos que puedas seguir confiando en la persona.

CARTAS DE PERDÓN

La recuperación emocional ante una ofensa, traición o falla depende de diferentes factores. Sin lugar a dudas, un factor determinante que nos guiará a la sanidad interior es el trabajo consciente en nuestros pensamientos en la acción de perdonar. La intensidad y duración de cualquier tipo de dolor psicológico están determinados en gran medida al compromiso que tenemos con nosotros mismos para vivir en paz y ser felices.

Un recurso muy eficaz para sanar dolores emocionales es la escritura. Cuando una persona se conecta con sus heridas y escribe al respecto, experimentará una sublime sensación de libertad. Redactar a puño y letra es altamente recomendable y existe un sinfín de estudios que avalan su eficacia. Una y otra vez he visto en mis pacientes cómo la escritura es una fuente extraordinaria para descubrir sentimientos y un método para el desahogo con un fin sanador.

Los valientes que han ido al centro de consejería para trabajar el perdón en sus vidas testifican que la escritura de cartas de perdón ha sido una bendición para desahogarse y soltar lo que ya no desean seguir cargando. La escritura terapéutica es una gran ventaja, pues puede ayudar a una persona a sacar fuera lo que lleva cargando mucho tiempo por dentro, lo cual les genera un sentido genuino de bienestar.

Agradezco que algunos pacientes me hayan dado cartas de perdón para publicarlas en este libro. Sus historias de vida son un invaluable tesoro. Estoy segura que tú, amado lector, puedes identificarte con estas vivencias. Además, espero que estas cartas te sirvan de modelo para escribir las tuyas y logres una sanidad total.

Carta de perdón a los padres

El perdón a mamá, a papá o a ambos es de los más trabajados en terapia. Todas las personas que vienen con heridas o traumas de la niñez requerirán que alguna vez en su vida trabajen este perdón. A la misma vez, he notado que es uno de los más complejos. Son muchas las personas que prefieren guardar en un baúl los asuntos tristes con estas figuras. El Señor siempre nos brinda oportunidades para restaurar nuestra alma a través del perdón. Deseo que si aún no lo has hecho, esta sea la tuya.

Carta de perdón a la madre:

¡Hola madre, bendición!

Comenzaré por expresarte que le doy gracias a Dios por haberte escogido para traerme a este mundo y permitirme vivir hoy la maravillosa experiencia de su amor, de su perdón y de ser plenamente feliz. Le doy también gracias a Dios por el amor que siempre has demostrado hacia mi hermana y mi hermano al cuidarlos, consentirlos y protegerlos en el transcurso de sus vidas. Te confieso que en ocasiones sentí celos y le he pedido perdón a Dios por eso.

Sabes que, en su perfecto plan para mi vida, me moldearon como el barro y pulieron como el oro para sus propósitos en este tiempo. Hay circunstancias que durante mi niñez, adolescencia y temprana juventud fueron muy difíciles de enfrentar y entender. Sin duda, con el tiempo, cuando fui conociendo el trasfondo y las circunstancias de cada etapa, cuando le abrí mi corazón al amor de Dios y aprendí a amar como ama Él, pude validar con cada experiencia vivida que aun en la adversidad, la mano de Dios iba tejiendo con cuerdas de amor los lazos que sanaron mi corazón y que me enamoran cada día más de Él. Me ha cubierto con la bandera de su amor con la que me garantiza libertad de todo lo que una vez me detuvo atada a la ira, a la tristeza, al abandono, a la carencia de afecto, a la desvalorización, al rechazo, a la indiferencia, a mendigar migajas, al dolor de ser echada y desplazada.

Hubo un tiempo en el que no entendía muchas cosas que se tornaban en experiencias muy tristes. Momentos en los que añoraba un abrazo, un te quiero y escuchar que mi vida le importaba a alguien. Luego aprendí que durante tu crianza no se practicaba que los padres y madres abrazaran a sus hijos. La distancia era una señal de respeto en ese tiempo. No lo aprendiste y no podías practicarlo. Me frustraba por no tener los medios y no ser lo suficiente competente como para quitar el dolor y la amargura que había dejado en ti la experiencia tan triste y frustrante de un matrimonio con un esposo y padre maltratador, carente de tantas cosas esenciales, entre ellas el respeto y la capacidad de amar a otros. En medio de lágrimas y quejas, no podía entender la razón por la que teníamos que seguir atravesando tanto maltrato. Después pude entender que en ese tiempo no existían los recursos de ayuda y los remedios legales que existen hoy, atados al hecho de que el divorcio no era una opción para considerar de acuerdo con la crianza religiosa de esa época en tu vida.

Traté de hacer lo que estuviera a mi alcance para que te sintieras feliz. No lo lograba y, en mi frustración y dolor por tantas cosas que me ocurrieron y que ni siquiera podía hablar contigo ni con nadie, opté por un camino que cada día me alejaba más de Dios. Me dolió mucho la forma en que reaccionaste a mi escrito sobre la manera en que me habían quebrantado durante mi niñez. Me paralizó el corazón tu audacia en minimizar mi dolor y mi vergüenza diciéndome que tú sí podías hablar de quebrantamiento porque durante tu luna de miel mi padre no te trató con la dulzura y el amor que debía tratarse a una esposa amada. Entendí lo que acarrea quedar embarazada en tales circunstancias y he orado pidiéndole a Dios que sane todas tus heridas, como ya sanó las mías.

Hoy puedo hablar desde la libertad del perdón más hermoso que puede recibir un ser humano, el perdón de mi Señor y Salvador. Todos tenemos recuerdos de cosas que desearíamos no hubieran sucedido, pero sucedieron. La manera en que las manejamos y logramos exteriorizar los eventos difíciles en nuestras vidas es lo que marca y marcará la diferencia. Buscar la ayuda de Dios es esencial, y también buscar la ayuda de los profesionales a quienes Dios ha capacitado para ofrecerla con gran amor y empatía, pues al hacerlo alcanzamos la libertad.

A veces pensamos que es más fácil tratar de vivir como si nada hubiera ocurrido, dejando atrás lo sucedido y las ofensas. Entendiendo con esto que no es necesario pedir perdón y asumiendo que el tiempo se encargará de enterrarlo todo. Pensamos no dialogarlo ni exponerlo, porque en nuestra religiosidad creemos que así «cuidamos nuestro testimonio» y anhelamos mantener la «buena imagen» que hemos construido ante la feligresía, los pastores, el vecindario y hasta la familia. Lo que no sabemos es que la cubierta que ponemos sobre esas heridas, algún día se desprenderá y dolerá igual o más que al principio. Como hijos de Dios, eso nos atrasa en alcanzar la felicidad plena que Dios nos ofrece cada día.

Hoy quiero decirte que te perdono. Admiro la forma en que has llegado a profesar tu fe y la apasionada manera en que expresas tu conocimiento de las Escrituras. Le pido a Dios que sane tu alma, y

le añada salud y larga vida a tus años. Te amo, madre mía, y espero
que algún día puedas corresponder a mi abrazo que va siempre con
gran amor desde mi corazón y del corazón de Dios al tuyo.
   ¡Dios te bendiga!

Carta de perdón al padre

¡Bendición, padre!
   Puesto que extiendo el perdón recibido de Dios a ti, mi padre,
¡hoy es un gran día! Quiero expresarte en este escrito lo que el amor
de Dios ha depositado en mí, con la esperanza de que el Espíritu
Santo de Dios obre en ti la sanidad que obró en mí. Para lograrlo, te
pido que me acompañes en este recorrido de mi vida, cuyo único fin es
expresarte cómo Dios cambió mi sentir y sanó mi corazón para que
te atrevas a entregarle tu vida y tu corazón.
   Muchas veces, durante mi niñez, me preguntaba cómo era po-
sible que fueras tan olvidadizo como para salir el viernes a trabajar
y no regresar a la casa hasta el lunes de la próxima semana. Por qué
tanto odio, tanto enojo, tantas expresiones de maldición, tanta falta
de atención a tus papeles como esposo y padre. Por qué tanta osadía
para organizar fiestas en el apartamento donde traías a la que en
ese entonces era tu amante y bailabas con ella mientras mi madre
en su obligatorio papel de anfitriona cocinaba y les servía comida a
tus invitados. Por qué tanto brío en decirle a mi madre que el día de
Navidad, entre las severas nevadas y frío extremo, nos llevara a tu
lugar de trabajo donde nos permitirían entrar a recibir los regalos
de Navidad que daba la compañía. Nunca nos permitieron entrar,
mucho menos recibir regalo alguno, pues a pesar de que en cada Na-
vidad lo intentábamos, nunca estuviste allí. Estar de pie y abrir la
puerta cuando llegabas de noche luego de haber perdido tu dinero en
las apuestas, o de haberte intoxicado con alcohol y sentir la hebilla
de tu correa en mis piernas una y otra vez hasta que salía la sangre,
era un desafío digno de valentía para poder resistir y quedarme
ahí para que el próximo azote no se lo llevara uno de mis herma-
nos, pues eran más pequeños que yo. Escucharte decir que antes de

que algún hombre se propasara con alguna de nosotras, tus hijas, preferías ser tú el que nos tomara como mujeres, era aterrador. Conocer en mi adultez que tenía un hermano de la misma edad de mi hermana, pero de otra madre, fue un hecho impactante para todos, incluyendo a mi madre. No puedo imaginar qué motivó que fuera posible ocultar a alguien tan importante como un hijo.

Viví experiencias terribles que marcaron mi vida con vergüenza, dolor y desconfianza. Considero ese período demasiado extenso, pues vivía expuesta una y otra vez, hasta que ya no te vi más. Dicen que un ser humano no puede extrañar lo que nunca ha tenido, y crecí con la ausencia y la deuda de amor de una de las figuras de autoridad más importantes en mi vida.

Muchas veces lloraba cuando escuchaba a algún compañero o compañera de trabajo hablar de cómo celebraron el Día de los Padres con sus padres y tantas anécdotas hermosas. No conocí ese amor ni esa relación. Sin embargo, me encontré con Dios, mi Padre eterno, y entendí que un corazón que ha sido maltratado y alimentado con odio y dolor necesita con urgencia de Él. Así que decidí abrirle mi corazón. Confieso que al principio no fue fácil, pero día a día su perfecto amor echó fuera todo temor y lo cambió por la bendición de su poder restaurador, su amor sanador y dominio propio que tiene su fundamento en reconocer mi pobreza de espíritu y total dependencia de Él.

El tiempo ha pasado y he logrado entender muchas cosas que desconocía. No te era posible dar el amor que no tuviste. Incluso, no te era posible respetar, pues aprendiste que el miedo era equivalente al respeto y lo infundías en mí como quien perpetúa una maldición generacional sin conocer que era posible ser distinto y lograr resultados diferentes.

Hago un pequeño paréntesis para comunicarte una muy buena noticia. A partir de mi generación, Dios rompió toda cadena de maldición, y mis hijos y nietos somos libres por el poder del Espíritu Santo de Dios. Los modelos que tuviste en tu proceso de crianza no aportaban positivamente a tu desarrollo como persona. Pudiste haber decidido cambiar y ser un padre presente y amoroso, pero escogiste el camino que tal vez parecía más fácil para ti. No te justifico, pero *te perdono y le pido a Dios que sane tu corazón, y que su Espíritu Santo transforme tu mente. Esto puede ser posible si le entregas todo tu dolor, tus quebrantos y tu carácter a Dios para que sea moldeado por Él, de manera que alcances el diseño de bienestar y sanidad con el que Dios preparó su plan para tu vida.*

Dios quiere perdonarte y recibirte como su hijo. Lo hizo conmigo y puedo garantizarte que lo puede hacer contigo si tú se lo permites, pues Dios no falla a sus promesas. Te ama con amor eterno, te ha prolongado su misericordia y quiere que conozcas la felicidad y la paz que solo es posible alcanzar en Él. Tu pasado no define quién eres y lo que Dios dice de ti es más importante que lo que cualquier persona diga o haya dicho de ti. Permite que su amor dirija tu vida de hoy en adelante. ¡Que a partir de hoy el amor de Dios sea tu arma!

¡Dios te bendiga, padre mío, te amo!

Como vimos en estas cartas, un aspecto clave para lograr perdonar y dar un saludable cierre emocional a vivencias dolorosas es tratar de entender a la persona que nos lastimó. Como te mencioné, de ninguna manera es justificar el daño que nos infligieron. Nada justifica que alguien nos hiera. Aun así, cuando nos insertamos en la historia de vida de quien nos dañó, en sus circunstancias y en sus carencias, nos damos cuenta de que las personas dan de lo que tienen y no pueden dar de lo que nunca tuvieron. El porcentaje más bajo es el de quienes han trascendido a sus historias de dolor y han hecho con sus vidas cosas muy distintas a las que vivieron en el pasado. La mayoría de la gente no lo ha logrado. Esto es a lo que Jesús se refirió cuando en la cruz, después de recibir tantos maltratos e injurias, dijo: «Padre, perdónalos porque no saben lo que hacen».

Si tú eres de esas personas que ha superado y no ha repetido los ciclos dañinos, te felicito. Recuerda, «entender» a quien nos ha lastimado es un fundamento para sanar. Son muchas las personas que cuando evalúan o descubren aspectos de la vida de sus padres los llegan a comprender. Entonces, cuando esto sucede, las cadenas se rompen y hay libertad.

Carta de perdón al exesposo

Además del perdón a los padres, es muy común que vengan personas a terapia para perdonar a una expareja, ya sea novio o esposo. Las crisis en las relaciones, los problemas matrimoniales, y sobre todo el divorcio, pueden ser muy traumáticos y dejan una huella profunda que requiere esfuerzo y trabajo para su restauración. Identifico que cuando se han tenido hijos en la relación se complican aún más los aspectos emocionales de las heridas y acarrean una mayor complejidad en su restauración.

Uno de los factores por el que más sufren las personas es cuando la situación se presenta de manera inesperada. No era el plan y no te pudiste preparar para lo que sucedió. Alguien que debería estar a tu lado para compartir metas y sueños se convierte en una expareja. Lidiar con la frustración de que el otro no es lo que se esperaba puede llevarnos a sufrir mucho. Al sentirnos heridos, ese malestar puede ir más allá de un duelo y transformarse en ira y rencor. Entonces, necesitamos trabajar con el perdón como un recurso espiritual y psicológico para sanar las heridas.

¡Hola!

Es preciso que comience esta carta por agradecerte el valor de haber querido unirte a mí, una mujer con dos hijos pequeños luchando sola por salir adelante en la vida. No tenías la experiencia como esposo ni como padre, pues aunque habías andado como el picaflor de conquista en conquista, nunca te habías casado, ni tenías hijos. Yo venía de una relación de infidelidad y maltrato donde lo único bueno que ocurrió fueron mis dos hijos. Vi en ti la posibilidad de lograr una familia estable y que fuera para toda la vida. Y luego de innumerables momentos turbios en nuestra relación de convivencia por varios años en un inicio, decidimos dar el paso y unirnos en matrimonio. Procreamos a nuestro hijo menor y nos tocó vivir temporadas de arduo trabajo para alcanzar a tener lo necesario. Nunca hubo lujos. Tuvimos altibajos, y reconozco que, durante los últimos años juntos, aparentamos una vida feliz e intentábamos creérnosla para proyectarla en cada reunión familiar o de nuestros respectivos círculos profesionales. Todo giraba en torno a ti. Confié en tus promesas de que luego de que alcanzaras alguna meta académica o profesional habría tiempo y espacio para alcanzar las mías y tendría tu apoyo. Te ayudé a trabajar para lograrlas y celebré cada una de ellas, mientras que tenía que recurrir a otras personas como apoyo para lograr alcanzar mis metas académicas. Llegué a considerarme insuficiente porque no me sentía valorada ni respetada por ti en ningún aspecto de mi vida contigo.

Han transcurrido dos décadas desde que tomamos la decisión de disolver nuestro matrimonio. Hoy te escribo para reiterarte que te perdono y que he aprendido a amarte como me ama Dios, con amor compasivo. Es preciso decirte que ya no me duele tu falta de sinceridad y valentía para contestar mis preguntas, a fin de hablar de lo que estaba sucediendo. No podías mirarme a los ojos y decías que todo estaba bien, que eran las presiones de tu trabajo. Cada día sentía más fuerte tu indiferencia. Recibía tus constantes y sutiles humillaciones desvalorizando mis logros al hacerme sentir que lo que hacía no tenía ninguna importancia. Me acostumbré a que tus logros, tus metas y tus asuntos fueran lo único importante. Me conformé con migajas de tu tiempo, con tu falta de atención hacia mí como persona, como mujer, como esposa, con caminar detrás de ti cuando salíamos al igual que una sombra que poco a poco dejaba de existir. Había muchas cosas que quería decirte y no podía hacerlo, pues tú no me escuchabas. En el proceso perdí tanto, que me perdí a mí misma intentando ser como tú querías que fuera. Hoy, desde la libertad y del amor que encontré en Dios, decidí amarme, perdonarme, valorarme y aceptarme. Descubrí y acepté que soy una mujer virtuosa, no soy perfecta, pero sí virtuosa. Mi identidad y mi valor están fundamentados en que soy hija de Dios y en que Él me hizo a su imagen, conforme a su semejanza. Soy su hija. Por lo tanto, soy una Princesa de su Reino, soy favorecida y llena de gracia. Él ha abierto puertas que nadie puede cerrar para que, agarrada de su mano, camine hacia cada logro que en Él me es posible alcanzar. Puedo verme desde la óptica de Dios, y desde ella soy hermosa, *valiosa y muy amada. Puedo confiar primero en Dios, luego en mí y en otros. Él ha traído a mi vida amistades hermosas que me aman, me valoran y se ocupan con el detalle hermoso de una visita, una llamada o un texto para recordarme cuán importante soy en sus vidas. Puedo tomar decisiones importantes sin temor. Decidí mirarte como me mira Dios, con misericordia, y perdonarte como Él me ha perdonado. Mi oración es que le permitas a Jesús habitar en tu corazón, y le entregues tu vida de manera que ordene y afirme tus pasos conforme a su propósito para tu vida.*

¡Que Dios bendiga tu vida plenamente en todo y llene con su inmenso y eterno amor los vacíos de tu corazón!

Carta de perdón a uno mismo

El perdón más difícil es a uno mismo. Diferentes situaciones en la vida nos pueden llevar a tomar decisiones equivocadas. ¿Quién no ha cometido un error alguna vez o muchas veces? El perdonarnos a nosotros mismos es necesario por completo para vivir de una manera victoriosa y con paz. De otro modo, podemos caminar por la vida con una lucha interna de lo que se debió haber hecho de manera diferente. Cuando nos limitamos por los errores y las faltas cometidas, puede haber toda una gama de pensamientos martirizantes de lo que se identifica que se hizo mal. Es fundamental trabajar el perdón propio, el cual es un proceso interno y profundo. Si permitimos que los sentimientos de culpa nos dominen, marcharemos recriminándonos siempre. Esto es muy peligroso porque nos puede conducir a comportamientos destructivos hacia nosotros mismos. Reconocer nuestras faltas es un acto de madurez espiritual y de inteligencia emocional. Entonces, ¿qué tal si te perdonas a ti mismo?

En comunión con el Espíritu Santo, hoy decido perdonarme. Me perdono por pensar que no soy suficiente. ¡Me he juzgado tanto! He creído las mentiras que otros han dicho de mí, tanto de palabras como con sus acciones.

Me perdono por pensar que no sirvo, que no valgo y que no puedo. Me perdono por las decisiones que he tomado como una forma de autocastigo. Me perdono por juzgar que soy un problema para otras personas. Me perdono por creer que soy difícil de amar.

Me perdono por llevarme al límite debido a que necesito demostrar cosas, a fin de que me acepten y aprueben. Me perdono por creer que siempre estoy equivocado. Me perdono por sentir que no encajo con nadie.

Me perdono por las dificultades que he tenido para ver lo mejor que hay en mí. Me perdono porque me he rechazado tanto en aspectos emocionales como en físicos. Me perdono por los días que he pensado que no tengo casi nada bueno. Me perdono por haberme apegado al papel de víctima. Me perdono por el daño que les he hecho a los demás.

Me perdono por juzgar que soy menos que un hijo amado de Dios. Mediante el poder de perdonarme a mí mismo, hoy me libero y se rompen las cadenas de la condenación propia. Reconozco y afirmo, en el Nombre de Jesús, que mi alma se ha sanado y me convierto en un testimonio vivo del poder restaurador de Dios.

Oración

Dios eterno:

Aunque perdonar no es una tarea fácil, estoy seguro de que con tu ayuda y fortaleza no hay nada que no pueda lograr. Leyendo este capítulo, me he dado cuenta de que dentro de mí hay puntos sensibles, heridas que no están cerradas por completo y asuntos difíciles que consideraba resueltos. Hoy, Padre celestial, me diriges con amor hacia mi restauración. Me guías a desatarme de las cadenas de opresión y amargura generadas por la falta de perdón. Disfruto del hermoso regalo de perdonar a _____ y dejar ir toda consecuencia del daño infligido. Me comprometo a detener toda ira, frustración y tristeza ante lo que ya pasó y que en este instante no puede cambiarse de manera circunstancial, pero sí edificarse en mi interior. Reconozco que solo el poder del perdón puede mantenerme con paz dentro de tu voluntad y siendo llevado hacia adelante en el fluir ascendente de tus planes eternos para mi vida. En el poderoso nombre de Jesús, amén.

Afirmaciones

Te invito a que repitas las siguientes afirmaciones:

- Hoy encuentro un tesoro porque perdono.
- El amor del Señor es más fuerte que cualquier daño que me hayan hecho.
- Abro mi corazón al poder restaurador de Dios.
- Soy libre de cada dolor, ira y culpa.
- Todo está bien en mi alma.
- Soy perdonador.
- Me han perdonado.

Tus propias afirmaciones

_____

_____

_____

_____

_____

_____

_____

_____

_____

_____

_____

_____

_____

_____

Ejercicios para contestar, reflexionar y aplicar

1. Identifica las experiencias de tu vida que te duelen o te molestan hasta el día de hoy.

_____

_____

_____

_____

2. ¿Cuáles son las emociones o sentimientos que se despiertan en tu interior cuando llegan los recuerdos de las experiencias que tuviste con personas que te lastimaron?

_____

_____

_____

_____

3. Practica el siguiente ejercicio para completar el proceso de perdonar:

Escribe el nombre de la persona que te ha dañado:

_____

Expresa lo que sientes y piensas sobre lo que ocurrió:

_____

_____

_____

_____

¿Qué te hubiera gustado decirle a la persona en el momento en que sucedieron los hechos?

_____

_____

_____

_____

Identifica lo que has aprendido a través de esta experiencia:

_____

_____

_____

_____

4. Me perdono a mí mismo por:

_____

_____

_____

_____

5. Enumera cinco beneficios que obtienes al perdonar:

a. _____

b. _____

c. _____

d. _____

e. _____

CAPÍTULO 7

DESCUBRE Y RESTAURA AL NIÑO INTERIOR

«Aquello que fue, ya es; y lo que ha de ser, fue ya;
y Dios restaura lo que pasó».
Eclesiastés 3:15, RVR60

Son demasiadas las personas que continúan sufriendo en la vida por eventos que experimentaron en la niñez. Se dice que el ochenta por ciento de las depresiones se deciden. Por lo que he visto en mis *80 %* pacientes durante los pasados veinte años, estoy convencida de que gran parte de ese porcentaje es de personas que no han podido soltar una niñez de dolor. Gran parte de la depresión tiene que ver con el rechazo, el abandono, y el maltrato físico, emocional o sexual en los primeros quince años de la vida.

Si pasaste por alguna de estas experiencias, respeto tu dolor y valido las emociones que han podido generarte a lo largo de tu transitar por las distintas etapas de tu existir. Sin embargo, quiero que sepas que puedes ser libre. El hecho de encontrarte apresado en esos dolores, ha podido estar estancándote en tu desarrollo psicológico, social y espiritual. ¡Ya es hora de sanar!

Es muy triste ver cómo algunas personas no se dan cuenta de que aferrarse a un evento de maltrato o a las carencias afectivas de la niñez, les priva de alcanzar la felicidad y les detiene de llevar unas vidas plenas y completas, tal y como lo anhela el corazón de Dios. Es como si el reloj se hubiera detenido. Se quedaron en esa otra etapa y no han podido abandonarla en lo emocional.

Mantenerse en un cántico de lamento por las amargas experiencias del pasado, sobre todo las que pudiste haber tenido con tu mamá o tu papá, no solo te afligen, sino que también te retrasan, te estropean la existencia y también puedes dañar a otros. Como dice la Palabra:

> «Mirad bien, no sea que alguno deje de alcanzar la gracia de Dios; que brotando alguna raíz de amargura, os estorbe, y por ella muchos sean contaminados».
>
> Hebreos 12:15 (RVR60)

Aparte de los errores que pudieran cometer esas figuras importantes en nuestro desarrollo infantil, la inteligencia emocional y la madurez espiritual nos permiten dejar ese pasado atrás. Merecemos disfrutar del presente con nuevas experiencias. Esta es la voluntad de Dios para nuestras vidas. Él desea que el vino nuevo no se eche en odres viejos.

Hace muchos años atrás, el vino se guardaba en odres en lugar de botellas. El odre es un recipiente hecho de cuero, casi siempre de cabra, y que servía para contener líquidos. Cuando los odres eran nuevos, se sentían muy suaves y flexibles. Conforme pasaba el tiempo, perdían elasticidad y ya no podían estirarse. Si se llegaba a vaciar vino nuevo en un odre que ya estaba viejo, el vino se podía dañar o perder porque el recipiente se reventaría. Nuestro amado Señor Jesús enseñó:

> «Tampoco echen vino nuevo en odres viejos, porque el vino nuevo revienta los odres, y entonces el vino se derrama y los odres se echan a perder. Más bien, el vino nuevo debe echarse en odres nuevos, y tanto lo uno como lo otro se conserva juntamente».
>
> Mateo 9:17

Todas las lecciones de Jesús tienen vigencia hoy en día. Lo que el Señor ilustraba con esto era que no debemos estancarnos ni atarnos a aspectos del pasado. Te acompaño a que te deshagas de esos odres viejos. Libérate de esa mentalidad de víctima. Cuando eras niño o adolescente, de seguro que no tenías los recursos para protegerte o escapar. Ahora lo puedes hacer. Fuiste víctima, pero llegó tu tiempo de ser sobreviviente.

El cultivo de la sanidad interior es la vacuna y la medicina contra la tristeza, la desesperanza, el odio, el rencor, el sentimiento de venganza y hasta para la depresión. Si vives sumergido en ese pasado, del que ahora nada puedes hacer para cambiarlo, te impregnarás de emociones y acciones enmarcadas dentro de la negatividad. Hay algo muy importante que deseo recordarte: por más que sufras, llores, te llenes de enojo y de frustración, ninguno de esos sentimientos provocará que esos eventos puedan ser distintos hoy. Comprendo el hecho de que quisieras que nunca hubieran sucedido de la manera en que ocurrieron. Todas las personas hemos pasado por experiencias que nos hubiera gustado que fueran diferentes. No podemos cambiar la historia en cuanto a los eventos que sucedieron. En cambio, sí hay algo maravilloso que puede lograrse, con la ayuda de Dios, y es soltar ese pasado, perdonar, desarrollar pensamientos de sosiego en nuestra mente y seguir adelante.

Contamos con un cerebro maravilloso capaz de aprender y desaprender. Nuestro cerebro es moldeable y siempre podemos cambiar. En Jesús, toda maldición del pasado puede transformarse en una poderosa bendición, sobre todo cuando utilizamos las malas experiencias de nuestra historia para derivarlas en lecciones. A través de ellas podemos determinar que los ciclos se rompen y que en nuestra generación la historia no se va a repetir. Conquistamos la alegría de vivir cuando entramos en la profunda conciencia de que el pasado ya pasó. Ya no debemos volver atrás de ninguna manera. Lo mejor es construir un puente que nos permita pasar del dolor a la felicidad, del rencor al perdón, del papel de víctima a la superación, de la ira a la compasión y de la apatía al amor.

Las circunstancias de las experiencias de la niñez pueden llevarnos a conflictos internos muy profundos. Quiero recordarte que eres el diseño perfecto de Dios, sin importar lo que las situaciones que hayas atravesado te hicieran sentir o creer sobre ti. Cuando las personas van a terapia con dolores muy profundos por las experiencias que han tenido, sobre todo con su madre o padre, los dirijo a tratar de descubrir quiénes son ellos, más allá de los mensajes recibidos por esas figuras. Te muestro el escrito de un paciente en este ejercicio.

«¿Quién eres tú?»

Con esta misma pregunta me tropecé hace ya algún tiempo, poco más de diez años. En ese momento me encontré solo en un pequeño apartamento alquilado, a tres horas y media de mi casa y familia, persiguiendo una oportunidad de empleo. Esa noche me visitó la nostalgia y entre lágrimas encontré al niño herido que vive dentro de mí. Busqué respuestas en mi mente, pero no encontré una que me satisficiese. ¿Qué queda luego de decir soy el esposo de, el padre de, el hijo de, el hermano de? ¿Quiénes son mis verdaderos amigos si es que tengo alguno en realidad? Preguntas, preguntas y más preguntas.

Puedo decir que la mayor parte de mi vida la he vivido en la iglesia. He participado en coros, dramas, he predicado, fui parte del grupo de evangelización. Tenía siete años el día que levanté mi mano en respuesta al llamado que hizo mi pastor para aceptar a Jesús como mi Salvador personal. En esos años vividos en la iglesia tuve experiencias muy hermosas. Mi mamá me llevaba a un círculo de oración todos los martes porque no tenía quien me cuidara. ¡Aquel martes fue especial! Ese día experimenté la unción del Espíritu Santo. Sentí que un río me bañaba desde la cabeza fluyendo por dentro de mi ser y salía por mis pies. Allí fue cuando conocí la unción del Espíritu de Dios. ¿Cómo olvidar cuando fui pastor por varios días durante la semana del niño? ¡Cuántos recuerdos! Sin embargo, al llegar a casa, mi realidad era una diferente. Estaba herido emocionalmente, no sentía el amor de mi padre.

Papi, un hombre de esos que todo el mundo quiere, en casa era casi un desconocido para sus hijos. Entraba y salía, vivía con nosotros, pero no se sentía su presencia, mucho menos daba muestras de amor para mi hermana, su primera hija, ni para mí. Casi todas las noches salía al negocio de la esquina, del humilde barrio en el que me crie, y la mayor parte de las veces llegaba borracho. Mi madre hacía su mejor esfuerzo para que fuera a la iglesia. Hasta llegó a grabarle las canciones del coro y se las practicaba en casa para que un día cantara en el servicio del domingo. Cosa que nunca ocurrió, por supuesto.

Mi mamá fue una mujer muy hermosa en sus años de juventud. Su familia vivió muchas privaciones económicas, pero aún más carencias emocionales. Ella siempre sintió que era la favorita de su papá, cosa que se lo decía a su segunda hermana que vivió con ese dolor toda su vida. A los tres años de casada, la vecina le presentó a Jesús y comenzó a ir a la iglesia. Pronto se convirtió en una líder, cantaba en el coro y organizaba actividades evangelísticas. Vivía muy orgullosa de su familia, pero no de la que tenía, si no de la que soñaba tener y de la que les hacía creer a todos.

Desde muy pequeño recuerdo cómo contaba su mayor testimonio a todo el que se encontraba. Les decía cómo, durante su segundo embarazo, le pedía a Dios que le trajera otra niña. En su lugar, llegué yo, un varoncito de casi cuatro kilos. Para la gloria de Dios, les decía, que luego de un tiempo me aceptó y llegué a convertirme en la «luz de sus ojos». Mi madre estaba agradecida por ver cómo me iba formando y reconocía la sobreprotección que tuvo conmigo en mis primeros años de vida.

Como mis papás trabajaban durante la semana, mis abuelos eran los que nos cuidaban. En ese hogar sentí seguridad y mucho amor, aun cuando no eran muy expresivos. Nos cuidaban y consentían lo más que podían. Mi abuelo criaba animales y yo pasaba horas ayudándolo. Teníamos gallinas, conejos, gallos de pelea, gansos y hasta llegamos a tener un pavo real. Los mejores juguetes que tuve en mi infancia me los hizo mi abuelo.

A los trece años comencé a trabajar en la tienda donde mi mamá era empleada. Mientras mis amigos descansaban o practicaban deportes, yo trabajaba. En ese momento me sentía contento porque ganaba dinero y podía comprarme ropa para ir los domingos a la iglesia. De lo que no me daba cuenta era que el niño había dejado de *vivir una de las etapas más lindas de su vida y, a la vez, se le imponía una carga que no era propia para su edad. Al cabo de un tiempo, llegó un día en que ahorré lo suficiente para complacer al niño y me compré una pequeña piscina. Me sentía realizado y muy feliz, pero esa emoción duró poco porque mi papá me reclamó que en lugar de gastar ese dinero hubiera podido ayudarlo económicamente con las responsabilidades de la casa. Responsabilidades que él no podía cumplir del todo porque le gustaba el «deporte del billar», el que practicaba en la tienda de la esquina. Por eso fue que muy temprano supe que de adulto no quería ser como él. Entonces, decidí buscar figuras masculinas que me sirvieran de modelo. Tenía sed de ser guiado por una figura paterna, y ser reconocido y validado por mi papá. En mi búsqueda encontré dos hombres de la iglesia que, sin ellos saberlo, los observaba muy de cerca. Escogí al pastor y al papá de un amigo, un exitoso hombre de negocios. De ellos copié características que hoy en día forman parte de mi personalidad. Mientras tanto, la vida pasaba y el niño interior estaba cada vez más herido. Un día, me dije: «Hoy decido cancelar a papi de mi vida. Si no está presente, pues tampoco me va a afectar lo que diga o piense de mí». Y mientras tanto sufría al ver cómo trataba a mami, quien en silencio lloraba su soledad cuando él salía en las noches.*

Estoy muy satisfecha con lo que este paciente, un hombre sensible, ha logrado hasta el día de hoy en las terapias. Nunca olvidaré lo mucho que lloró la vez en que en la oficina hicimos un ejercicio para que le hablara a ese niño herido. Estoy segura que en cada una de esas lágrimas hubo liberación. Ha progresado grandemente. Se ha comprometido con su sanidad y estamos viendo frutos extraordinarios.

¿CUÁLES SON LOS EFECTOS MÁS COMUNES EN ADULTOS QUE LASTIMARON EN LA NIÑEZ?

Aquí tienes una lista con los más importantes:

- Viven frustrados en las distintas relaciones interpersonales, sobre todo en las de pareja, porque esperan que las demás personas puedan llenar sus vacíos de amor, protección y seguridad. Te recuerdo que ningún ser humano puede satisfacer lo que solo puede hacer Dios.

- Los niños internos abandonados se sienten muy solos. Están en la búsqueda de un amor perfecto que satisfaga todas sus necesidades afectivas. Abona a la frustración el hecho de que esta es una expectativa no realista porque nadie en la tierra nos amará a la perfección.

- Pueden presentar una muy baja autoestima, inseguridad y complejos. El amor propio es un fundamento para ser feliz. Nunca es tarde para descubrir el ser maravilloso que eres para amarte y valorarte.

- Experimentar maltrato durante la niñez es un factor de riesgo para la depresión, la ansiedad y otros trastornos psiquiátricos durante la adultez. Diferentes investigaciones revelan que las personas adultas con un historial de abuso tuvieron una mayor prevalencia en intentos suicidas.

- Pueden desarrollar trastornos de apego. Esto lo veo constantemente en mis pacientes que vienen a terapia a liberarse de relaciones codependientes. En la codependencia, aun cuando la persona entiende a nivel racional que estar cerca de una persona no le conviene, a nivel emocional no se puede desprender.

- Les resulta difícil lidiar de forma saludable con la soledad. Las personas que sufrieron el abandono o el rechazo en su niñez pueden tener un concepto negativo de lo que es la soledad.

- Buscan bienes materiales y dinero que les den sensación de importancia. Dado a que pueden tener un gran desafío en cuanto a su autoestima, buscarán los recursos para recibir atención, adulación y admiración.

- Utilizan a sus propios hijos para satisfacer sus necesidades emocionales. Tratan de recibir de sus hijos el amor, la atención y la protección que no pudieron obtener de sus propios padres. Muchos hacen de sus hijos sus padres psicológicos.

- Pueden tener una tendencia a volverse adictos. Mucha gente que se hace alcohólica o adicta a otras drogas, lo hacen para tratar de llenar un vacío, o es una forma de automedicarse para lidiar con el dolor emocional.

- Los niños que experimentaron abuso o negligencia pueden desarrollar un trastorno de estrés postraumático. Esto se caracteriza por síntomas como volver a experimentar de manera persistente los eventos traumáticos relacionados con el abuso. De lo que veo más comúnmente en mi consultorio es que evitan a las personas, los lugares y eventos asociados con el maltrato. Pueden sentir miedo, ira, culpa o vergüenza.
- Realizan prácticas sexuales poco saludables. En diferentes estudios e investigaciones que se han llevado a cabo se sugiere que las personas que sufrieron maltrato en la niñez, sobre todo el abuso sexual, pueden mostrar conductas promiscuas o tener algún tipo de disfunción sexual.
- Viven con temores. Pueden ser personas que uno de sus principales retos emocionales sea el miedo. Los temores más comunes que experimentan son el abandono, la traición y a que vuelvan a ser víctimas de abuso.

EN JESÚS HAY SANIDAD

Una de las características que más podemos admirar de nuestro Señor Jesucristo es que les demostraba amor y atención a los que rechazaban y marginaban dentro del contexto histórico y cultural en el que transitó. En esa época, no se les prestaba mucha atención a los niños. Se tenían hijos para ponerlos a trabajar. Se decía que para un sabio jugar con un niño fuera del tiempo en que se le educaba era un desperdicio. Los niños prácticamente no recibían atención de los adultos y los corregían con vara. La opinión de los niños no era importante, pues debían someterse en todo a los adultos. No tenían voz. La sociedad los consideraba insignificantes e ignorantes. En listas y numeraciones, se les mencionaba después de las mujeres. Sin embargo, Jesús, dentro de su sabiduría, actuó hacia ellos de una forma que refleja que Él conocía que la niñez es de vital importancia, pues para que un adulto sea feliz, se les debe satisfacer sus necesidades emocionales y afectivas durante esa etapa.

Hay gran veracidad en el hecho de que Jesús le prestó especial atención a la niñez. Es muy interesante ver que Mateo 19, Marcos 10 y Lucas 18 registran el extraordinario incidente en el que los niños vinieron hacia Jesús. Cuando Dios se encarga de que un mensaje se repita tres veces, debemos dar por sentado que tiene mucha importancia y que no debe pasar inadvertido. En el Evangelio de Marcos encontramos:

> «Entonces tomó a los niños en sus brazos y después de poner sus manos sobre la cabeza de ellos, los bendijo».
> Marcos 10:16, NTV

¡Los niños recibieron la protección, los abrazos y la bendición del Señor! Podemos imaginarnos esta estampa en nuestra mente. La principal necesidad que todos tenemos es el amor. Visualiza a los niños riendo mientras reciben del Señor esa fuente inagotable de afecto. Él los reconoció cuando nadie más lo hacía.

Si has podido identificar que has estado cargando con las heridas de tu niño interno lastimado, quiero acompañarte a visualizar cómo el Señor lo abraza, lo valida, lo bendice, le da importancia, lo sostiene, lo levanta y lo ama. Cierra los ojos en este instante e imagina que tú mismo, cuando eras niño, estás sentado en el regazo del Señor. Allí te sientes muy seguro y protegido, así como importante. ¡Por fin alguien ha visto a ese niño! Recrea en tu mente cómo te besa, te abraza y te impone las manos sobre la cabeza para bendecirte. Jesús es el único que puede sanar nuestro niño interior de esa manera total. Ya lo dijo el apóstol Pablo:

> «[Jesús es] la plenitud de Aquel que todo lo llena en todo».
> Efesios 1:23, RVR60

El Señor nos acompaña en nuestro proceso de sanidad y debemos estar dispuestos a indagar, a explorar los recuerdos y experiencias de esas primeras etapas de nuestra vida. Evadirlas o negarlas no nos hace ningún bien. Lo que provoca es que sigamos arrastrando el dolor. Les pasamos factura a otras personas por lo que vivimos de niños. Continuaremos en los mismos ciclos de conducta y de sentimientos destructivos. Seguirán resurgiendo las necesidades del niño de manera desconcertante. Cuanto más se trata de tapar o de ignorar lo vivido, más doloroso se vuelve. Ocurre como una bola de nieve cuando va bajando por una montaña: se vuelve cada vez más y más grande. Sanarlo, con la ayuda del Señor, es indispensable por completo.

Las personas podemos tener una tendencia natural a ponernos máscaras. Necesariamente no nos gusta que le gente se dé cuenta ni se percate de las heridas que llevamos por dentro. En la medida en que el proceso de sanar el niño interno permite manifestar las emociones que de otra forma tratábamos de esconder, estamos en condición de derribar las paredes defensivas. En la medida en que entramos en el proceso de explorarnos en lo profundo de nuestro ser y lo sacamos fuera para restaurarnos, entonces y solo entonces podremos vivir libres y felices.

Es un verdadero privilegio poder ayudar a las personas a descubrir sus raíces y encontrar al niño interior para restaurarlo. Sacar del baúl ese sufrimiento almacenado es una gran victoria. Disfruto mucho de ofrecer cursos, conferencias y talleres para la sanación del niño interno. Son procesos en los que me siento muy comprometida, pues por experiencia propia estoy segura de los grandes beneficios que tiene el adentrarse a esta gran oportunidad para sanar.

Hoy es una nueva oportunidad. Es como si tuvieras un libro abierto, con sus páginas en blanco, y en ellas pudieras escribir una nueva historia. Hice una encuesta en Facebook en la que pregunté: «¿Qué título le pondrías al libro nuevo de tu vida?». Estas fueron algunas de las respuestas:

- «Por su fidelidad».
- «Tiempo de restauración».

- «Momento de resurgir»
- «Nuevos comienzos».
- «Se abre una puerta».
- «Renace la esperanza».
- «Sé valiente».
- «En busca de paz».
- «Una nueva vida».
- «Mirándome como Dios me ve».
- «Cumplimiento».
- «Tiempo de transición».
- «Floreciendo día a día».
- «Te dejaré bendecirme».
- «No sé a dónde voy, pero sí con quién voy».
- «El dolor, mi gran lección».
- «Una mejor versión de mí misma».
- «Mirando el futuro con esperanza».
- «A pesar de todo, te sigo creyendo».
- «Con las alas restauradas, volaré».

Hoy se abren esas páginas para ti. Entonces, ¿qué título le pondrías a tu libro? *Alis la chica Risueña.*

Oración

Padre celestial:

yo elijo

Soy tu hijo amado. Escojo tener gozo, paz y libertad. Hoy he comprendido que gente significativa que se suponía que me amara y me cuidara, no lo pudo hacer de forma saludable. Aun así, tengo la seguridad de que tú me amas con amor eterno y me cuidas con ternura. Hoy me siento como esos niños que se acercaron a tu hijo Jesús y fueron protegidos, validados y restaurados. A través de ti puedo ver que cada una de las experiencias vividas, en cada una de las distintas etapas de mi historia, se han usado por tu amor de forma extraordinaria y para que tu nombre sea glorificado. Gracias, Dios, por ayudarme a descubrir y sanar mi niño interior. En el poderoso nombre de Jesús, amén.

Afirmaciones

Te invito a que repitas las siguientes afirmaciones:

- He alcanzado muchas cosas buenas en la vida.
- Puedo alcanzar todo lo que me proponga. El cielo es el límite.
- Si cometo errores, les llamaré campos de oportunidad. No soy perfecto, tengo el derecho de aprender de cada una de las experiencias que tenga en la vida.
- Mi forma de ser me abre muchas puertas maravillosas. Me siento bien con lo que he alcanzado.
- Me amo con todas mis virtudes y fortalezas.
- Dios me ha cuidado y tiene grandes cosas para mí.
- Soy libre de cada dolor del pasado. Todo lo que he vivido ha formado el ser extraordinario que soy.

Tus propias afirmaciones

✓ Saldrás de esta, okay.
✓ tranquila, no te Preciones estas aprendiendo
✓ Confía en el señor otra vez.
✓ Confía en ti misma.
✓ Eres demasiado inteligente chica
✓ (No temas)

Ejercicios para contestar, reflexionar y aplicar

1. Identifica las palabras hirientes que te dijeron de niño y que te han lastimado.

   a. inutil, tonta, Pendeja,

   b. malditicima.

   c. necia, burra,

   d.

   e.

2. Identifica las palabras que nunca te dijeron cuando eras niño y que te hizo falta escucharlas.

   a. Te Amo, Te quiero (toto)

   b. Tu puedes,

   c. Eres valiosa,

   d. Eres Inteligente

   e. Eres Hermosa mi niña.

3. Describe las experiencias más gratificantes y hermosas que tuviste en la niñez.

   una vez que teniamos una mesita, de madera, y estabamos jugando, ala iglesia, y yo cantaba, Jaja.. fue muy lindo.

4. Describe los recuerdos más tristes que tuviste en la niñez.

   ✓ (Rechazo)

   ✓ Enojo x Parte de mi tia y abuela

   ✓ Regaños, gritos, insultos.

   ✓ Silencio (callar todo)

5. Escríbele una carta de sanidad a tu niño interior.

Hola mi niña:

Estate tranquila, ya no llorés más, okay.

Pronto tu vas a sanar, y vas a ser libre de nuevo, vas a sonreir y aser feliz. ya encontre a tu salvador, y el quiere sanarte.

Porque desea con locura, verte, feliz, realizada y brillando donde vayas.

No te desesperes mi pequeña, Hermosa, pronto todo va a pasar. okay Cristo te Ama. Nena.

Se Feliz resiste un poco más por favor.

Se que te gustan las flores, pronto, te llevaré a un Jardin hermosa, para que pasees, entre ellas, y las disfrutes.

No te angusties por nada, por favor.

CAPÍTULO 8

YO SOY MÁS QUE VENCEDOR

«Antes, en todas estas cosas somos más que vencedores
por medio de aquel que nos amó».
Romanos 8:37, RVR60

Pueden ser muchos los gigantes en la vida con los que tenemos que batallar y es una realidad el hecho de que se levantan tormentas feroces sobre nosotros. Esto es parte de la vivencia de transitar por este caminar llamado «experiencia terrenal». Algunas de esas batallas o tormentas son el resultado de nuestras propias decisiones o de las acciones de otras personas. Otras, en cambio, habitan de forma exclusiva en nuestras mentes formando una fortaleza en nuestra alma que nos resulta difícil de afrontar. También hay otras que son dardos del maligno con el fin de destruirnos. Creo que tú puedes hacer la misma declaración que yo: «De todas ellas, independientemente de su origen, me ha librado y me libra el Señor».

Dios nos diseñó para navegar por inmensos mares de victoria. Te crearon para vencer y no para ser vencido. Es importante que creas y vivas en este principio. La mentalidad derrotista no nos lleva a ninguna parte que sea buena. Esto no quiere decir que nunca tendremos momentos duros y de aflicción, pero te recuerdo que «somos más que vencedores» sobre ellos. Claro que llegarán eventos que nos van a estremecer y a mover el piso. ¿Puedes identificar algunos? Aparte de lo que te pasó o de lo que te pueda estar afligiendo en este momento, se despierta en ti la conciencia de que en la cruz y por su resurrección, Cristo ya venció por cada uno de nosotros.

Ser vencedor es mucho más que ganar. Es sobrepasar los límites del triunfo sobre toda situación. Tener esta confianza nos llena de seguridad ante los embates más fuertes. Aun frente a los que pensamos que son tan crueles que no los podremos resistir. Hay situaciones despiadadas de verdad. En ocasiones, escuchando a mis pacientes narrar experiencias muy duras, para mis adentros he tenido que controlar mis emociones, pues son muy impactantes. He tenido que respirar hondo y pedirle a Dios que me ayude. ¿Pero saben una cosa? Le agradezco al Señor ver la manera en que Él transforma los más áridos desiertos y llena de victoria a sus hijos por encima de todo.

¿CÓMO VENCER EN MOMENTOS DE CRISIS?

«Declaro lo siguiente acerca del Señor: Solo él es mi refugio, mi lugar seguro; él es mi Dios y en él confío».
Salmo 91:2, NTV

En la vida surgen situaciones que generan un gran impacto por ser inesperadas. Las crisis pueden provocar un cambio traumático e inestabilidad. Ninguna crisis es agradable, pero esto no quiere decir que siempre su fin será negativo. Hay crisis que su desenlace es de gran bendición, aunque en el momento impactante de la situación se nos haga difícil comprenderlo. El hecho de que seamos cristianos no quiere decir que estemos exentos de situaciones presionantes, pero contar con el Señor nos fortalece para sobrepasar los obstáculos de manera victoriosa.

Conozco a una valiente y exitosa mujer que recibió en el año 2011 la nunca deseada llamada de un centro de imágenes, luego de que su ginecólogo le mandara a hacer una mamografía, para que fuera a buscar sus resultados antes de lo esperado. Esto le causó mucha preocupación y fue a recogerlos. El resultado recomendaba una biopsia, por una posible malignidad en uno de los senos. Fueron muchos los pensamientos que pasaron por su mente, pero decidió aferrarse a la Palabra de Dios cuando dice:

> «*Echando toda vuestra ansiedad sobre él, porque él tiene cuidado de vosotros*».

1 Pedro 5:7, RVR60

A la semana, recibió una llamada del lugar en el que se realizó la biopsia y le informaron que al otro día debía ir a buscar los resultados. Se los entregó una persona que fungía como consejera del lugar y le notificó que la biopsia dio positiva por cáncer. Ese fue uno de los momentos más difíciles de su vida. Recibir una noticia como esa causa un gran impacto, pues cuando se escucha la palabra «cáncer», automáticamente se piensa en la muerte.

Salió de esa oficina con el corazón entristecido y con incertidumbre sobre su futuro y el de su familia. En ese entonces, su hija mayor tenía nueve años y la pequeña solo cinco. Llamó a una oncóloga que la atendió con mucha sensibilidad, profesionalismo y empatía. Desde ese primer encuentro con esa doctora, sintió que era un instrumento de Dios para ayudarla en el proceso. En medio de las crisis, Dios nos provee a personas especiales que nos ayudan a fortalecernos y que nos van a acompañar en la ruta de la inestabilidad y la incertidumbre. También es una forma del Señor para decirnos: «Yo estoy aquí». La Biblia nunca dice que no vamos a pasar por crisis, pero sí hay cientos de promesas que nos revelan que en medio de la aflicción Dios nos demostrará que nos está cuidando y que está con nosotros.

Por último, le fijaron una fecha para la operación. En el proceso previo al ingreso del hospital, el médico de cabecera le recomendó una ecografía de tiroides para asegurarse de que no tuviera nódulos. Al someterse al estudio, resultó que, en efecto, tenía un nódulo, pero su oncóloga le recomendó que terminara el tratamiento de los senos y que luego se operara de la tiroides para evitar los menos riesgos posibles. La operación fue exitosa y la recuperación fue antes de lo esperado.

A los dos meses, comenzó el tratamiento de quimioterapia y radioterapia. A fin de evitar los efectos de la quimioterapia en cuanto a la caída del cabello, Dios permitió que conociera a una estilista con mucha bondad. Una de las preocupaciones que enfrentan las mujeres cuando les diagnostican esta enfermedad es la caída del cabello, y esto puede tener un efecto psicológico muy fuerte en sus vidas. Además, la persona suele recibir comentarios que, aun si son bienintencionados, pueden lesionar su autoestima.

Antes de comenzar el proceso de las quimioterapias, la estilista la peló por completo y le colocó una pieza fija de cabello. Ese mecanismo lo utilizó durante todo el tratamiento, lo cual le permitió que tanto su familia, como ella, no sufrieran ese impacto emocional. En las crisis el Señor también provee mecanismos para afectarnos lo menos posible y que dentro de las experiencias complejas podamos estar fortalecidos. La mujer se sometió a las terapias, y aunque en ocasiones pueden tener efectos secundarios serios, para ella no tuvieron ninguno.

«Aunque ande en valle de sombra de muerte, no temeré mal alguno, porque tú estarás conmigo; tu vara y tu cayado me infundirán aliento».

Salmo 23:4, RVR60

Al final, pudo continuar trabajando con regularidad. Esta mujer es abogada de profesión y la ascendieron a jueza durante este proceso. Después se sometió a la operación de tiroides donde se identificó que también tenía cáncer. Al discutir esa información con la oncóloga, llegaron a la conclusión de que Dios la había librado en dos ocasiones de la misma condición. Hoy disfruta de plena salud y testifica que estas experiencias le permitieron ver la mano del Señor de forma sobrenatural. Hay experiencias en las que Jesús nos sana de forma inmediata, pero en otras circunstancias atravesamos por crisis difíciles, pero se glorifica en medio de estas.

«Muchas son las aflicciones del justo, pero de todas ellas le librará Jehová».

Salmo 34:19, RVR60

Las crisis, cuando las logramos manejar de forma saludable, nos inducen a crecer y madurar. De otra forma, serían una gran pérdida de tiempo y esfuerzo. Por más barreras, obstáculos y escoyos que aparezcan en el camino, el objetivo nunca debe ser quedarnos derrotados, sino levantarnos y seguir adelante.

Una forma saludable de lidiar con las crisis es convertirlas en experiencias de aprendizaje. ¿Qué puedo aprender de Dios? ¿Qué puedo aprender sobre mí mismo? ¿Cuáles son mis fortalezas? ¿Cuáles son mis campos de mejoramiento? ¿Qué puedo aprender sobre los demás? ¿Qué puedo aprender de la vida? Las crisis son una oportunidad para adquirir sabiduría.

Es provechoso admitir si las crisis son el resultado de alguna equivocación nuestra, pues hacer esto nos ayuda a progresar como individuos, o reconocer si estamos sufriendo debido a las conductas o decisiones de otras personas. Esto es enfrentar la realidad. Sin embargo, hay que cuidar de que no entremos en el frenesí de buscar a quién echarle la culpa, dado a que hay situaciones que no pueden evitarse ni cambiarse, mientras que otras no son culpa de nadie.

Debemos cuidar de no quedar atrapados en el enojo con los demás ni en la rebelión contra Dios por las crisis que podamos estar atravesando. Todo lo contrario, es maravilloso saber que Dios está siempre a nuestro lado, aunque por causa de la angustia podamos estar tentados a perderlo de perspectiva. Así se expone en una narración de un autor desconocido:

Una noche tuve un sueño. Soñé que estaba caminando por la playa con el Señor y, a través del cielo, pasaban escenas de mi vida. Por cada escena que pasaba, percibí que quedaban dos pares de pisadas en la arena: unas eran las mías y las otras del Señor. Cuando la última escena pasó delante de nosotros, miré hacia atrás, hacia las pisadas en la arena, y noté que muchas veces en el camino de mi vida quedaban solo un par de pisadas en la arena.

Noté también que eso sucedía en los momentos más difíciles de mi vida. Esto me perturbó de veras y le pregunté entonces al Señor:

«Tú me dijiste, cuando decidí seguirte, que andarías conmigo a lo largo del camino, pero durante los peores momentos de mi vida, en la arena solo había un par de pisadas. No comprendo por qué tú me dejaste en las horas en que yo más te necesitaba».

Entonces Él, clavando en mí su mirada infinita, me contestó: «Mi querido hijo, yo te amo y jamás te abandonaría en los momentos más difíciles. Cuando viste en la arena solo un par de pisadas, fue justo allí donde te cargué en mis brazos».

Sin importar cuál sea la crisis que enfrentemos, Dios no nos abandona y tampoco permitirá que enfrentemos una crisis que sea demasiado para nosotros. La Biblia lo dice:

«No os ha sobrevenido ninguna tentación que no sea humana; pero fiel es Dios, que no os dejará ser tentados más de lo que podéis resistir, sino que dará también juntamente con la tentación la salida, para que podáis soportar».

1 Corintios 10:13, RVR60

CLAVES PARA VENCER LAS CRISIS

Quizá te preguntes: «¿Cómo venzo las crisis?». Aquí tienes algunas ideas que te ayudarán.

- Comprender que las crisis son parte de la vida, pero nunca un lugar de permanencia, sino de trascendencia.
- Mantenernos firmes en la esperanza de que en medio de los momentos más fuertes, Dios está con nosotros.
- Identificar cuáles son las lecciones que podemos aprender de las crisis.
- Explorar cómo las crisis nos pueden conducir a ser mejores personas y a transformar nuestro carácter.
- Tener presente que superar un conflicto nos fortalece y nos prepara para enfrentar los obstáculos venideros con mayor grado de madurez.

- Canalizar de forma saludable las emociones sin reprimirlas.
- Utilizar la oración como un vehículo eficaz de canalización y ventilación psicológica.

¿CÓMO VENCER LOS TEMORES?

«Dios mío, tú eres mi luz y mi salvación; ¿de quién voy a tener miedo? Tú eres quien protege mi vida; ¡nadie me infunde temor!».

Salmo 27:1, TLA

Todos hemos experimentado temor alguna vez. Los temores son normales. Es más, hasta son una buena señal porque sirven como mecanismo de protección en muchos casos. En este sentido, el temor no siempre es un sentimiento que haya que combatir, pues nos permite sobrevivir. La fase positiva es cuando nos impulsa a evitar acciones y situaciones que podrían poner en riesgo nuestra integridad física, psicológica o espiritual. Sin embargo, cuando los temores no tienen fundamento y son persistentes, se trasforman en algo irracional que nos ata, nos limita y se torna en muy dañino. Debemos dejar claro, entonces, que existen dos tipos de temores:

1. Uno es de tipo funcional y es positivo. Dios lo puso en nuestro ser para preservarnos a nosotros mismos y para poder cuidar también a las personas que amamos.
2. El otro es de tipo destructivo, que no es funcional, sino paralizante y le pone límites a nuestra calidad de vida.

La palabra en inglés para «temor» es *fear*, del inglés antiguo *faer*, que significa «calamidad súbita» o «peligro». El temor es la respuesta a un peligro real o imaginario. La palabra hebrea para «temor» también se puede traducir como «pavor», que es una sensación pesada y opresiva de miedo. Temerle a algo hasta el punto de quedar paralizados disminuye nuestra calidad de vida mucho más de lo que nos podemos imaginar.

Durante mi vida profesional, he visto desfilar por mi consultorio a muchos pacientes que han atrasado grandes oportunidades en su vida por causa de los temores. Anhelo con todo mi corazón que a ti no te suceda lo mismo y que lo que vamos a discutir te ayude a superar esos temores no funcionales y autodestructivos para que puedas moverte hacia las mejores cosas que el Señor tiene para tu vida. Escucha hoy la voz de Dios diciéndote lo que le dijo a Josué:

> *«Mira que te mando que te esfuerces y seas valiente; no temas ni desmayes, porque Jehová tu Dios estará contigo en dondequiera que vayas».*
>
> Josué 1:9, RVR60

El temor no es lo contrario a valentía. Expresado de otra manera: Puedes ser valiente y sentir cierto temor a la misma vez. Te aseguro que en distintos momentos de mi vida el Señor me ha ayudado a ser valiente, pero el temor se ha dejado sentir de alguna forma. Lo testifico como una persona que practica el buceo. Me encanta adentrarme en las profundidades del mar. La gente que mejor me conoce piensa que soy muy valiente. Sin embargo, a la vez te confieso que siempre antes de tirarme al mar siento un poco de «susto». En una ocasión también, como recreación, me lancé desde una piedra de más de nueve metros de alto hacia un río. En realidad, hice varios intentos antes de lanzarme, pues el miedo de alguna manera estaba allí, aunque me sentía la mujer más valiente del mundo por hacer eso.

También recuerdo cuando me tuve que someter a dos operaciones para remover cáncer de mi cuerpo. Estaba inmensamente confiada en el Señor, pero antes de entrar a la sala de operaciones, algún pensamiento fugaz de temor hizo su entrada. El temor puede ser parte de la experiencia de la vida, lo importante es no permitirle que nos domine. El secreto es que para tener una vida plena y feliz no es cuestión de no tenerle miedo a nada, sino en tener los temores bajo control para que no nos impidan disfrutar y crecer.

Me encanta ver los amaneceres. Soy fanática de ellos y de tomarles fotografías. Aunque la palabra «amanecer» está formada con raíces latinas que expresan la aparición de la luz del día, podríamos establecer su composición de la siguiente manera: «amar» y «nacer». Todos los días, al despertarnos, asistimos a un nuevo nacimiento. ¿No te parece maravilloso el hecho de que cada día sea una nueva oportunidad?

Nacer es el primer desafío que enfrentamos en la vida. Nos diseñaron en la mente de Dios y para llegar a materializarse ese sueño, que eres tú en la tierra, debemos atravesar un sinnúmero de desafíos. Desde ese momento ya eres un vencedor. Usa esta información de referencia para la actitud que asumirás en el nacimiento que puedes tener cada día de tu vida. Es más, la frase «no temas» aparece 365 veces en la Biblia, igual que la cantidad de días en un año. Es como si en cada amanecer tuviéramos una nota recordatoria donde nos diga el Señor: «Hoy, no tengas miedo».

Atravesamos los meses de gestación, que casi siempre son nueve. Luego, enfrentamos el trauma de abandonar el seno materno. Un lugar en el que nos sentíamos protegidos, cuidados y alimentados. ¡Hasta nos tenían la luz apagada en una temperatura perfecta! Interviniendo con personas atravesando dolores emocionales agudos he visto muchas veces cómo se colocan en posición fetal en medio de la crisis. Esto es así porque el lugar donde más estables nos sentimos fue el vientre materno y el cerebro que tiene esa memoria nos lleva ahí de forma inconsciente para sentirnos seguros. Es fascinante ver cómo desde nuestra concepción enfrentamos el desafío de crecer, de adoptar la posición precisa para nacer. Al llegar a este mundo, nos adaptamos y ajustamos a lo desconocido. Por favor, cuando no sientas que has sido valiente, recuerda esto y felicítate por todo lo que has logrado. ¡Ya has sido un vencedor!

No debes tener temor de vivir con todo lo que ya venciste. El temor a vivir es muy común en personas que padecen de depresión o de ansiedad. El miedo a vivir se manifiesta de diferentes maneras, tanto a través de acciones sin importancia en apariencias como de acciones muy trascendentales. Cuando se padece este tipo de miedo, por sobre todo a lo que se le teme es a lo desconocido. Por eso el temor se manifiesta mediante conductas de «evitación». Si evitamos viajar a un lugar en el que nunca estuvimos, por ejemplo, evitamos enfrentarnos a lo desconocido. Algunos tienen miedo de exponerse en público. Cuando vamos a las raíces, nos damos cuenta de que tienen temor al rechazo o a que les enjuicien. Incluso, hay personas que evitan entablar relaciones de pareja como una manera de autoprotección, pero lo que está detrás de esta acción es el temor, casi siempre a sufrir o a que le abandonen.

Cuando se teme a vivir y ese miedo nos domina, y hasta nos controla, nuestra existencia se empobrece y nuestro propósito se estanca. El miedo a vivir puede controlarse. Esto no quiere decir que el temor desaparezca por completo, sino que aun sintiéndolo, no nos impedirá vivir la vida plena que Dios anhela que vivamos. Nuestro transitar por la vida no debe empobrecerse a causa de los miedos. Si has identificado que tienes conductas de «evitación» te pido de favor que no te hagas reproches, ni te angusties. Eso sí, creo que con la ayuda de Dios puedes ocuparte hoy mismo de superar esos temores. Siempre ocuparse, en vez de preocuparse, es un pase hacia la victoria.

¿CÓMO SABER SI TIENES CONDUCTAS DE EVITACIÓN?

Evalúate de acuerdo a los siguientes elementos:

_____ Me cuesta entregarme de manera afectiva.

_____ Pospongo lo que tengo que hacer.

_____ Intento no ilusionarme con nada para no tener que afrontar desilusiones.

_____ Le temo tanto al fracaso que mejor no intento hacer nada.

_____ Soy demasiado exigente conmigo mismo.

__✓__ Prefiero evitar situaciones donde no haya personas que conozco.

__✓__ Evito los riesgos.

_____ No me gusta ir a lugares desconocidos.

__✓__ Tengo miedo a alcanzar nuevas metas.

_____ Uso mi pasado como referencia sobre las situaciones del presente y del futuro.

¿CUÁLES SON LOS TIPOS DE TEMORES PSICOLÓGICOS MÁS COMUNES?

Marca los temores con los cuales te identificas:

_____ ✓ Temor a sufrir. ~~~~~~~ *cuestiones trabajo.*

_____ ✓ Temor al rechazo.

_____ ✓ Temor al abandono.

_____ ✓ Temor a ser vulnerable.

_____ Temor a ser feliz.

_____ ✓ Temor a ser juzgado.

_____ Temor al fracaso.

_____ Temor a la soledad.

_____ Temor a amar.

_____ Temor a ser defraudado.

CLAVES PARA VENCER LOS TEMORES

A continuación encontrarás algunas sugerencias que te ayudarán a vencer los temores.

- Aceptar cuáles son los temores que pueden estar afectando nuestra vida. No hay nada malo con reconocer que podemos tener miedo. David, en el Salmo 56, dijo: «Cuando siento miedo, pongo en ti mi confianza. Confío en Dios y alabo su palabra; confío en Dios y no siento miedo» (vv. 3-4).

- Profundizar en cuáles pueden estar las raíces de los miedos. Por ejemplo, si hay temor al abandono, evaluar si eso tiene que ver con que se sufriera abandono físico o emocional en la niñez.

- No huir del miedo, sino enfrentarlo. Debemos reconocer y darle el frente a los temores. Si huimos del miedo, nos acompañará por siempre y nos quedaremos estancados.

- Un recurso terapéutico es el de exponerse a los estímulos que nos pueden ocasionar temor. Por ejemplo, si exponerte a un grupo social te causa miedo, trata de preparar las mejores condiciones para asistir a una reunión. Vístete con ropa que te sienta bien y prepárala con antelación. Trata de establecer contacto con las personas que se encuentren en el lugar y con quien te sea más cómodo estar. Esto mismo se ajusta a cualquier tipo de situación que tratas de evitar por temor.

- Quitar de la mente el concepto «fracaso». No siempre las cosas nos saldrán como las deseamos y no siempre nuestras decisiones tendrán un desenlace exitoso. Toda acción implica una experiencia adquirida. El mayor éxito consiste en aprender de lo vivido y transformarnos como individuos para cada día ser mejores seres humanos. Recuerda que solo fracasa el que no intenta.
- No declarar y afirmar lo que nos dicen los temores, sino lo que dice la Biblia y lo que Dios nos prometió.
- Suele ser saludable hablar con alguien acerca del temor o de la inseguridad, de modo que nos pueda dar apoyo de forma objetiva y motivadora, y nos ayude a superarlo.

¿CÓMO VENCER LA VERGÜENZA?

«En vez de su vergüenza, mi pueblo recibirá doble porción; en vez de deshonra, se regocijará en su herencia; y así en su tierra recibirá doble herencia, y su alegría será eterna».
Isaías 61:7

Las personas tenemos la tendencia a actuar de acuerdo a lo que creemos de nosotros mismos. Es decir, reaccionamos en armonía con nuestro autorretrato mental. Si resulta que no nos gusta el tipo de personas que somos, podemos pensar que tampoco les agradaremos a las demás personas. Esto afecta nuestra vida social, nuestro rendimiento y hasta cómo nos desenvolvemos en nuestro propósito espiritual. Suelo decirles a mis pacientes: «Un adecuado concepto de nosotros mismos supone una preciosa posesión y un inadecuado autoconcepto se puede convertir en un estorbo muy grande».

El autorretrato con mucha frecuencia nos ayuda a conformar las profundas heridas que a veces recibimos, entre ellas los sucesos y circunstancias que nos llenan de vergüenza.

¿Qué es la vergüenza? Es la creencia dolorosa de una deficiencia en uno mismo. Sentir que somos inadecuados. Cuando escucho a mis pacientes que vienen a terapia para trabajar los sentimientos de vergüenza, es como si experimentaran la sensación de que son defectuosos. Recuerdo a una joven que llegó al consultorio llena de dolor emocional, porque se había convertido en la amante de un ministro que estaba casado. Me impactó el hecho de que no se quería sentar en el sofá en el que todos los pacientes se sientan en mi oficina. Cuando comienzo a hablar con ella, me percato que su nivel de vergüenza era tan agudo que no se sentía digna de sentarse donde se sientan los demás. Le doy gracias al Señor, pues esa joven pudo completar su tratamiento. Salió de la relación que la martirizaba, ya que le generaba un profundo conflicto con sus valores, y comprendió que el Señor la perdonó.

La vergüenza es un profundo sentimiento de inferioridad ocasionado por experiencias en la vida que se han interpretado como errores o fracasos. Esto suele destruir el concepto de nuestro propio valor y, como resultado, afectar de forma negativa nuestras emociones, decisiones y comportamientos. Es más, el efecto de la vergüenza en un individuo puede manifestarse de muchas maneras, incluyendo comportamientos de autodestrucción.

El concepto de nosotros mismos por causa de la vergüenza es semejante a un par de lentes a través de los cuales se contempla la realidad. Basándonos en lo que vemos por dichos lentes, escogemos el comportamiento que consideramos apropiado para una situación en particular.

¿QUÉ PROVOCA LOS SENTIMIENTOS DE VERGÜENZA?

Existe una serie de sentimientos que desencadenan la vergüenza. Aquí tienes algunos con los que quizá te puedas identificar.

- **Conductas destructivas:** Por lo general, nos comportamos de una manera consecuente con la percepción que tenemos de nosotros mismos. Así que vernos a través de los ojos de la vergüenza casi siempre resulta en una perspectiva pesimista de la vida. Las personas autodestructivas tienen sentimientos de culpa y hasta odio por sí mismas. Suelen rehuir todas las experiencias positivas y van detrás de las cosas que les pueden hacer daño. Lo típico es que generen situaciones y relaciones interpersonales caóticas, y en las que suele haber sufrimiento. No permiten que las personas los ayuden a sentirse bien. Las conductas autodestructivas más comunes son: pensamientos negativos, incapacidad para afrontar los problemas, trastornos alimentarios, problemas constantes con otras personas, poca confianza en sus capacidades, autolesiones, adicciones, aislamiento, gastos incontrolados, falta de cuidado físico, celos y posesividad, entre otros.

- **Pasividad extrema:** Al ser dominadas por la vergüenza, las personas pueden caer en una inactividad poco usual. Se niegan a establecer relaciones o a asumir responsabilidades. Le tienen mucho miedo a correr riesgos. Tienden más a quedarse en actividades rutinarias que le brinden seguridad. Dicen que están muy ocupadas, pero es un mecanismo para evadir la realidad y la exposición a actividades en las que no sientan que dominan o que tienen el control. La Palabra de Dios establece que «el perfecto amor echa fuera el temor» (1 Juan 4:18, RVR60). En la medida en que nos amamos a nosotros mismos podemos vencer sobre mecanismos negativos.

- **Autocompasión:** A menudo, la vergüenza hace que nos veamos como víctimas y nos comportemos como tales. Nos hundimos sintiendo lástima por nosotros mismos. Toda experiencia, decisión y conducta es reflejo de lo que nos sucede dentro. Los pensamientos, incluyendo la lástima por nosotros mismos, son ideas programadas en la mente. Podemos atarnos a este tipo de sentimiento y quedarnos paralizados. Gracias a Dios que siempre existe la posibilidad de hacer la renovación en nuestros pensamientos y despojarnos de la autocompasión. La Palabra declara:

«Transfórmense por la renovación de su entendimiento de modo que comprueben cuál sea la voluntad de Dios, buena, agradable y perfecta» (Romanos 12:12, RVA-2015).

- **Aislamiento:** Para evitar los riesgos de rechazo y fracaso, se pueden retirar de las interacciones significativas. Utilizan máscaras a fin de evitar el dolor emocional. Pueden estar activos socialmente, pero se niegan a tener una interacción más íntima o personal.

- **Relaciones familiares disfuncionales:** Al tratar de sobreponerse a un sentimiento de vergüenza, muchas personas se pueden dejar manipular por familiares y amigos que presentan conductas dañinas o destructivas. Las personas que cargan vergüenza, en su necesidad de aprobación y afecto, pueden aceptar situaciones que son contraproducentes. Muchas veces se convierten en rescatadores emocionales de otros. Las percepciones de nosotros mismos no se modifican con facilidad, pero pueden cambiarse mediante la aceptación y el autorregistro (velarnos a nosotros mismos). Buscar ayuda profesional es muy recomendable en estos casos para poder desarrollar los medios de superación.

- **Timidez:** La vergüenza puede ocasionar nerviosismo. Quizá la persona con poca confianza en sí misma sea consciente de que es tímida porque le causa temor la interacción social. Físicamente se sonrojan, sudan, se les acelera el corazón y tiemblan. En cuanto a reacciones emocionales, la mente se les queda en blanco, no hablan, se retraen, se esconden, desean pasar inadvertidas y sienten pánico.

Una maravillosa mujer que vino a terapia para superar sentimientos de vergüenza, pasó por eventos muy traumáticos durante la niñez. Eventos que incluyeron maltrato verbal y físico por parte de su padre. Además, la falta de intervención de su madre la hacía sentir que prolongaba el dolor del maltrato y experimentó un abuso sexual a los nueve años. Llegó a creer que su madre decidió proteger a su hermana al enviarla a la casa de su abuela materna, y eso la hizo sentir que no era amada y que la abandonaron. No recuerda que la abrazaran nunca, ni que recibiera ningún tipo de muestras de amor de ningún familiar.

Su adolescencia no fue muy diferente. Aunque ya no tenía el maltrato de su padre, sentía que no podía cargar a su madre con sus dudas y prefirió callar. No tenía con quién hablar de sus temores y de su dolor. Hasta en la iglesia vivió situaciones muy dolorosas. Hubo ocasiones en que varios jóvenes adultos de la iglesia intentaron tocarla y manosearla. Se burlaban de ella y le decían que si se lo contaba a otras personas, la responsabilizarían. Entre ellos alardeaban de lo que le hacían o intentaban hacerle. En realidad, ella no entendía por qué vivió tanto abuso y esto le generaba una gran vergüenza. Experimentó sentimientos de abandono, de falta de amor y de condenación que la llevaron a tomar en su vida decisiones que le generarían más vergüenza aún. Vivió en promiscuidad, abusó del alcohol y de las drogas.

Vivía cada día aterrorizada. No confiaba en las personas. No hablaba con nadie. Solo deseaba que esos recuerdos se borraran de su mente. Sentía vergüenza extrema por cosas de las que no tenía ningún control, y que se debieron a eventos planificados y controlados por personas con mentes enfermas.

Sin embargo, ¡es una mujer muy hermosa por dentro y por fuera! Tiene una dulce voz. Se notaba que antes de que llegara hasta mi consultorio, el Señor había hecho una obra extraordinaria en ella. Se trata de esos casos en los que lo que narran de sus vidas no está acorde con el destellar de una poderosa luz que transmite todo su ser. Cuando terminó de contarme sus experiencias de vergüenza, le dije mirándola fijamente a los ojos unas palabras que deseo que lleves también a tu alma, querido lector, estas son: «Tú eres un milagro de Dios».

CLAVES PARA SUPERAR LA VERGÜENZA

A fin de ayudarte a superar la vergüenza, te muestro varias sugerencias que puedes implementar.

- Reforzar la autoestima.
- Reconstruir los pensamientos negativos.

- Evitar la autocrítica.
- Perdonar los asuntos traumáticos del pasado.
- Superar los sentimientos de culpa.
- Establecer nuevas metas.
- Comenzar a mirarte a través de la gracia de Dios.

Oración

Querido Dios:

Gracias porque estoy a salvo en los brazos de tu amor frente a las crisis, los temores y los sentimientos de vergüenza. Gracias porque estoy protegido dentro del hueco de tu mano. Todos los asuntos de mi vida que me llevaron a experimentar estos sentimientos, los deposito en tu trono. Te pido que me ayudes a vencer las crisis que me angustian, los temores que me estancan y la vergüenza que no me permite vivir en plenitud y gozo. Guíame a renovar mi mente. Tengo la convicción que al transformar mis pensamientos negativos, pesimistas, de rencor y dolor, podré ser libre. Afirmo que con la llenura del Espíritu Santo me equipo de poder y autoridad para llevar a cabo la misión que me has dado, sabiendo que soy más que vencedor por causa de tu amor. Avanzo con la seguridad de que tú estás conmigo como poderoso gigante. En el poderoso nombre de Jesús, amén.

Afirmaciones

Te invito a que repitas las siguientes afirmaciones:

- Yo confío en el cuidado de Dios.
- Cada crisis se transforma en una oportunidad.
- Supero los temores que hasta ahora me habían estancado.
- Estoy seguro en Cristo.
- He sido justificado por la gracia de Dios.
- Gracias, Señor, porque todas las experiencias vividas han formado la persona que soy hoy.
- Todos nos equivocamos, pero mis errores del pasado no definen mi identidad.

Tus propias afirmaciones

_____

_____

_____

_____

_____

_____

Ejercicios para contestar, reflexionar y aplicar

1. ¿Qué aprendiste dentro de las crisis más recientes que experimentaste en tu vida?

_____

_____

_____

_____

2. ¿En qué forma las crisis vividas te pueden ayudar a ser un mejor ser humano?

_____

_____

_____

_____

3. ¿Cuáles pueden ser las raíces de tus temores?

_____

_____

_____

_____

4. ¿Qué cosas harás para superar los temores que identificaste en este capítulo?

_____

_____

_____

_____

5. ¿Sientes algún tipo de vergüenza?

_____

_____

_____

_____

6. ¿Cuáles son las posibles raíces de tus sentimientos de vergüenza?

_____

_____

_____

_____

7. Escribe tres pensamientos positivos que te dirás a ti mismo para combatir los sentimientos de vergüenza:

a. _____

b. _____

c. _____

CAPÍTULO 9

LOS MATICES
DEL SUFRIMIENTO

«Y, después de que ustedes hayan sufrido un poco de tiempo,
Dios mismo, el Dios de toda gracia que los llamó
a su gloria eterna en Cristo, los restaurará y los hará
fuertes, firmes y estables».
1 Pedro 5:10

Hay experiencias y circunstancias en la vida ante las que es casi imposible no sufrir. La muerte de un ser querido, la ruptura de una relación de pareja, la mudanza de alguien significativo, la pérdida de un empleo en el que te sacrificaste, un diagnóstico de enfermedad, la noticia de la pérdida de la salud de un hijo o del cónyuge, un abandono repentino, enterarse de una infidelidad o de una traición son eventos que nos pueden conducir a la aflicción profunda. Sin embargo, quiero que quede claro en tu alma este principio: Una cosa es el luto o el sentimiento natural del dolor emocional, y otra muy distinta es bloquearse, rumiar incansablemente los acontecimientos y llegar a atarse al sufrimiento más agudo por demasiado tiempo.

Una aflicción mal manejada nos puede llevar a sufrir más de lo que deberíamos y a sumergirnos en un quebrantamiento nada funcional. He conocido a algunas personas que tal parece que se enamoran del sufrimiento y no lo quieren soltar. Es una decisión si ante ciertas experiencias vamos a hundirnos o levantarnos. Somos nosotros, y no las circunstancias, quienes determinamos si vamos a ser esencialmente felices o si vamos a vivir la vida como si fuera un campo de batalla hostil. Esta forma de vivir la tenía muy clara el apóstol Pablo y lo expresa muy bien cuando leemos en la Biblia lo siguiente:

> *«He aprendido a estar satisfecho en cualquier situación en que me encuentre».*
>
> Filipenses 4:11

Las situaciones que nos acontecen no son las que nos hacen felices o desdichados, sino nuestras creencias sobre estas. Lo que sucede no nos afecta, sino lo que decimos acerca de lo que nos ocurre. Nuestro monólogo interior es lo que tiene la facultad de animarnos o, por el contrario, amargarnos la vida. Es fascinante ver en el apóstol Pablo cómo en un momento donde estaba en un calabozo, donde había infección, enfermedad, podredumbre y un ambiente con olor a muerte, podía exclamar:

> *«Regocijaos en el Señor siempre. Otra vez digo: ¡Regocijaos!».*
>
> Filipenses 4:4, RVR60

Hace poco, estuve en contacto con una mujer que perdió a su hijo por COVID-19 cerca del día de Navidad. Para la psicología, la muerte de un hijo es uno de los duelos más dramáticos, y algunos teóricos plantean que es un luto que puede quedarse sin resolver en el campo emocional en su totalidad. Mientras conversaba con ella, me impactó que a pesar de que manifestaba un dolor agudo, se mantenía muy firme en la convicción de que el Señor le estaba dando la fortaleza que necesitaba para superar el momento más trágico de su vida. Me expresó que no se iba a quedar en el suelo, pues su nuera y sus nietos la necesitaban lo mejor posible y esto le servía de motivación para no desmoronarse. En este caso vi con total claridad que la manera de interpretar y de enfrentar las noticias que llegan a nuestra vida es lo que condiciona la forma en que pensamos, sentimos y actuamos.

He notado que las personas que se mantienen en ciclos continuos de amargura y que no son felices, reflejan más o menos los mismos patrones de comportamiento. Tienen una tendencia a asumir el control sobre los demás. El querer controlar la vida de otros es, sin lugar a dudas, una fuente de infelicidad. Piensan y sienten que sus planteamientos y argumentos son los únicos acertados. Es como si su realidad interior fuera algo como esto: «Hay dos formas de ver las cosas: la errónea y la mía». Piensan que todo es blanco o negro. No hay grises. Solo existe una verdad absoluta y es la suya.

LA FÓRMULA PARA LA FRUSTRACIÓN

Las personas que tienen una tendencia a las tensiones del sufrimiento, llenan sus vidas de complicaciones, ya sean reales o ficticias. Si no es suficiente con sus problemas, también viven los que experimentan los demás. Aun cuando vienes a presentarle soluciones a sus problemas, las rechazan. En lugar de tener remedios para los problemas, le presentan a cada uno un problema. Sus pensamientos están enmarcados en las generalizaciones como: «siempre», «nunca», «nadie», «jamás», «nada» y «todo». Es común escucharlos utilizar frases como las siguientes: «Yo siempre tengo los mismos problemas», «A mí siempre me pasan las mismas cosas», «Nadie me entiende», «Nunca podré salir de esta situación», «Todo me sale mal», «Las cosas que me pasan a mí, no le pasan a nadie», entre otras. Tienden a exagerar las emociones y de un granito de arena pueden hacer una inmensa montaña.

Así que para mantenerse en un estado permanente de frustración existe una fórmula como esta:

- Pon siempre primero las necesidades de otros antes que las tuyas.
- Compárate constantemente con las demás personas, sobre todo fijándote en lo que ellas tienen y tú no.
- Obsesiónate con los pensamientos negativos, repitiéndolos una vez tras otra en tu mente, y llévalos a todas partes.
- Critica todo lo negativo de los demás y de ti mismo.

- Descarta las cosas positivas y las grandes bendiciones que hay en tu vida.
- Dale poder a las opiniones que los demás puedan tener sobre tu persona.
- Saca a Dios del panorama.

Si te has visto proyectado en algunos aspectos de lo que acabas de leer, hay buenas noticias para ti: Dios siempre tiene el deseo de hacer algo nuevo. De seguro que esta manera de pensar y de ver la vida los repites o los tomas de acuerdo al ejemplo que te da alguna figura significativa. Siempre está el espacio para hacer las modificaciones correspondientes. Tú puedes ser el eslabón que rompe para bien la cadena de toda una generación. La clave está en que nosotros permitamos que la semilla de la trasformación se arraigue y crezca en nuestro interior. Dios permita que podamos creer y alinearnos con actitudes, acciones y hechos a su promesa:

«¡Voy a hacer algo nuevo! Ya está sucediendo, ¿no se dan cuenta? Estoy abriendo un camino en el desierto, y ríos en lugares desolados».

Isaías 43:19

LA RECETA DE DIOS PARA EL SUFRIMIENTO

Los personajes bíblicos pasaron por angustias y eventos de gran complejidad. Sus experiencias se pueden parecer muy bien a las nuestras. Cada una de sus emociones y reacciones son asuntos con los que nos podemos identificar. Cuando nos adentramos en sus historias, parecería que algunas narran las nuestras. Considero un alivio para cada uno de nosotros el hecho de que aun siendo personas de fe y a las que Dios usó de maneras muy intrépidas, tuvieron sus retos humanos y períodos profundos de tristeza y ansiedad. Los métodos de intervención y tratamiento de Dios para cada uno de sus siervos es una revelación de su amor, misericordia y compasión. A la misma vez, vemos su gran asertividad y corrección. Además, tuvo los remedios apropiados.

Dios tiene una forma particular de intervenir en cada uno de nosotros debido a que nos conoce, a la vez que usa un estilo que emplea de manera individual. Esto provocó que, a pesar de que los grandes personajes que aparecen en la Biblia pasaran crisis, y estas se convirtieran en capítulos muy importantes en sus historias de vida, esas crisis nunca fueran el capítulo final. En sus desenlaces siempre vemos grandes victorias.

Jacob

Hubo personajes bíblicos que sintieron profunda tristeza. Uno de ellos fue Jacob. Debe ser muy duro para una persona quedarse sin nada. Puede ser que alguna vez en tu vida hayas experimentado lo que es perderlo todo. Jacob ni siquiera tenía dónde recostarse. Utilizó la piedra del camino para detenerse y descansar.

Cuando vamos transitando por el desierto, hacer esas pausas es absolutamente necesario. En esas «paradas» suele haber revelación poderosa de Dios. Tal vez tú tengas la misma idea que yo: en las pausas dentro del quebrantamiento es una de las mejores experiencias donde podemos recibir mensajes importantes del Señor que provocan una transformación en nuestra alma. Jacob, durmiendo sobre la piedra, tuvo un sueño donde veía una escalera que conectaba la tierra con el cielo. En esa escalera había ángeles que subían y bajaban.

En una de esas vivencias que he tenido, en las que me he arrastrado literalmente por el piso, porque sé lo que es comer baldosa y alfombra por un quebrantamiento, el Señor trajo a mi mente esta porción bíblica. El Espíritu Santo me llevó a preguntar: «¿Por qué los ángeles de la visión de Jacob subían y bajaban?». Él me guio a la comprensión de que los ángeles subían y bajaban por la escalera debido a que obraban a favor de Jacob. Aunque miremos para el norte, sur, este, oeste y no veamos nada, tienes que creer que Dios está obrando.

Recuerdo que en uno de los congresos de sanidad interior que hacemos cada año para mujeres en Puerto Rico, explicando en mi predicación el principio de que Dios está obrando aun cuando sentimos que guarda silencio, el Espíritu Santo me guio a señalar la parte de atrás del escenario del coliseo en el que realizábamos el congreso. Tras las inmensas cortinas del escenario teníamos unas personas que servían en el congreso y que intercedían por las más de tres mil mujeres asistentes al evento. Esas intercesoras no podían ser vistas por las asistentes debido a que las cortinas las ocultaban. Entonces, dije algo totalmente sin planificar mientras señalaba las cortinas: «Aquí detrás hay unas personas que han estado trabajando espiritualmente por ti. No las ves, pero están ahí. Así es Dios».

Dentro de la tristeza, aun cuando ya hayamos caído rendidos en el suelo, podemos tener la seguridad de que Dios está obrando en eso que en el ambiente natural no logramos percibir. Más allá, podemos escuchar la voz de Dios como la escuchó Jacob diciéndole al final de la escalera que ni una sola palabra de la que Él le prometió quedaría sin cumplirse.

Elías

Uno de mis personajes bíblicos favoritos es Elías. Se trata de un gran profeta que vivió en fe y que fue testigo del poder sobrenatural de Dios. Sin embargo, se deprimió en un momento de temor. Llegó a tal nivel de desesperación emocional que tuvo pensamientos sobre la muerte. La Biblia declara:

> *«Y él se fue por el desierto un día de camino, y vino y se sentó debajo de un enebro; y deseando morirse, dijo: Basta ya, oh Jehová, quítame la vida, pues no soy yo mejor que mis padres».*
>
> 1 Reyes 19:4, RVR60

Un hombre que había visto de primera mano el poder manifestado de un Dios tan grande, llega a un nivel tan fuerte de angustia que le pide la muerte a Dios. Jezabel lo buscaba para matarlo y huía para salvarse. Sin embargo, le pide a Dios que le quite la vida. Estaba confundido, asustado y con mucha incertidumbre. ¿Alguna vez te has sentido así? ¿Te sientes de esa manera en estos momentos?

Elías se sentía tan mal que ya no le veía propósito a su vida. Se daba por vencido, no quería seguir luchando. Entonces, el favor y la gracia de Dios le alcanzaron en el desierto, pues Él siempre nos encuentra allí. El Señor hace por Elías cosas tan elementales como alimentarlo y darle de beber, porque el nivel de tristeza en el que se encontraba lo había llevado a la inapetencia total. Luego, le da una tarea importante, le renueva su llamado y le declara su confianza. Si te sientes hoy como Elías, hay una palabra para ti: «¡Reposiciónate!».

Un verbo que Dios utilizó con Elías, y que también se lo manifestó hacia otros personajes bíblicos en momentos donde atravesaban procesos emocionales complejos, es: «¡Levántate!». Dirigido a Elías lo encontramos en dos versículos del capítulo 19 de 1 Reyes.

> «Y acostándose bajo el enebro, se durmió; y he aquí, un ángel lo tocó y le dijo: Levántate, come».
>
> 1 Reyes 19:5, LBLA

> «Y volviendo el ángel de Jehová la segunda vez, lo tocó, diciendo: Levántate y come, porque largo camino te resta».
>
> 1 Reyes 19:7, RVR60

En hebreo, la palabra «levántate» aparece en la Biblia 630 veces y 39 en arameo; es decir, lo encontramos 669 veces. Debido a que se menciona de forma tan repetida, tenemos que asumir que la voluntad de Dios no es que nos quedemos en el suelo. Habrá momentos en la vida en los que nos tumbaremos en el piso, en los que sentiremos tal grado de desaliento que no lograremos estar siquiera en la cama. Sin embargo, el suelo nunca es un lugar de permanencia. Lo afirmo sobre tu vida: «¡Te vas a levantar!».

Jeremías

Otro personaje bíblico que estuvo prisionero de la tristeza y de la frustración fue Jeremías, pues vivía en continuo peligro de muerte.

Lo perseguían siempre por ser portador de la palabra de Dios. Lo trataban con gran crueldad, por lo que sufría mucho. Como algunos, llegó a lamentarse por su destino ministerial. Incluso, llegó hasta la presencia de Dios y le dijo cómo se sentía por el pueblo que le puso a su cargo. La respuesta de Dios fue:

> *«Clama a mí, y yo te responderé, y te enseñaré cosas grandes y ocultas que tú no conoces».*
>
> Jeremías 33:3, RVR60

En esta vivencia de Jeremías con Dios está contenida una lección para cada uno de nosotros. Se trata de un poderoso antídoto para la tristeza y la frustración. Cuando entramos en la presencia de Dios, allí y solo allí seremos capaces de ver la verdad de las cosas y recibiremos consolación.

¿Cuántas veces has experimentado que estás en el fondo de un abismo emocional y que al entrar en la presencia de Dios cambia todo tu mundo interior? En la presencia de Dios está la llenura, y es donde se rocía su unción y su amor. ¡No existe nada más reconfortante y sanador que sentir el amor de Dios!

Moisés

Moisés fue un gran hombre de fe, un verdadero modelo de quien se dice que «se mantuvo firme como si estuviera viendo al Invisible» (Hebreos 11:27). Aunque fue un valiente luchador, estaba cansado por la desobediencia del pueblo. Le abrumaban las quejas y las críticas constantes. Se sentía muy solo. Estaba agotado. Su espíritu desfallecía. En el libro de Números encontramos las preguntas que Moisés le hizo a Dios:

> *«¿Por qué has tratado tan mal a tu siervo? ¿Y por qué no he hallado gracia ante tus ojos para que hayas puesto la carga de todo este pueblo sobre mí?».*
>
> Números 11:11, LBLA

Dios intervino y le dio las soluciones. En medio de la tristeza cuando le hacemos preguntas a Dios, Él se encargará de contestarnos para darnos dirección. Moisés se tomó de manera muy personal las experiencias y esto lo desesperaba. Entonces, recibió la repuesta de Dios que le trajo paz a su alma. Cuando tenemos la convicción de que el Señor es quien nos habla, nos quedamos tranquilos en su voluntad. Aun si viene una respuesta que no esperamos o no deseamos, debemos tener presente que Dios nos contestará siempre para nuestro bien, ya sea con un «Sí», «No» o «Espera».

Asaf

Este hombre fue un levita de la línea sacerdotal de Israel. Entre los once salmos que escribió está el Salmo 77. Es evidente que cuando lo redactó, se encontraba en una condición emocional que su alma rehusaba el consuelo. Este piadoso hombre, quien fue el líder nacional de adoración, estaba en tal desesperación y a un nivel tan grande de tristeza que nada que le dijeran lo podía sacar de su condición. Es más, ni siquiera podía pronunciar palabra:

> «¡Estoy tan afligido que ni siquiera puedo orar!».
> Salmo 77:4, NTV

La Biblia no nos dice lo que causó el debilitado estado emocional en este extraordinario hombre y líder en el pueblo de Israel. Todo lo que sabemos es que su alma estaba tan cargada que no podía dormir, así que se quejaba. Su espíritu desmayaba y hasta pensó que Dios se había olvidado de tenerle misericordia. Como resultado, vino el bombardeo de pensamientos negativos para atacarlo, esos que son característicos de la depresión.

Dentro de su crisis, realizó un ejercicio devocional. Asaf era un hombre de oración. Se puso a recordar las bondades que Dios le mostró en el pasado. Si Dios lo levantó antes, de seguro que lo volvería a levantar ahora. El Espíritu lo fue dirigiendo a hacer memoria de las maravillas y los portentos que Dios le había permitido disfrutar antes, en otras etapas de la vida. Si Dios tuvo el poder de hacer las cosas que hizo en el pasado, es el mismo Dios en el que podemos creer que lo volverá hacer ahora.

Dios lo hará también en ti

En este momento te invito a traer a tu mente un milagro poderoso que experimentaste. ¿De qué has dado testimonio? Ante tus sufrimientos actuales, ¿por qué dudar de que Dios pueda salvarte una vez más?

¿Estás pensando que Dios se ha olvidado de ti? ¿Te sientes débil, como se sintieron esos grandes hombres de Dios en momentos dados de su vida, hasta el punto de que dudas que puedas seguir adelante? No ves salida alguna a tu situación y es como si te estuvieras hundiendo hacia la parte más profunda del mar. Dios volverá a hacer portentos en tu vida. No pierdas la esperanza. Recrea en tu mente los instantes en que el Señor te libró de la forma más increíble. ¡Lo volverá a hacer!

CONSEJOS PRÁCTICOS PARA NO AMARGARTE LA VIDA

Los siguientes consejos te ayudarán a reconocer la aflicción o el disgusto del espíritu y a confesar que no vale la pena vivir atado a la amargura.

- ## Cree que el momento es ahora

  Te acompaño en este instante a tener la fe de que llegó tu momento para ser feliz. Esta no depende de las circunstancias ni de ninguna persona, sino de ti. Comenzarás a serlo en el momento en que lo determines, más allá y por encima de las cosas que acontezcan a nuestro alrededor. Si miramos con toda la objetividad posible la realidad del mundo actual, podemos afirmar que las situaciones de este momento histórico que nos ha tocado vivir son más que suficientes para vivir en amargura, incertidumbre, ansiedad y hasta depresión. ¡Qué bueno es que podamos tomar otro rumbo decidiendo ser felices hoy!

- **Trasforma los guiones del monólogo interior**

Las afirmaciones y las instrucciones que le damos a nuestra alma a través de lo que nos decimos a nosotros mismos nos permiten que seamos capaces de reescribir los guiones de nuestro monólogo interior. La reflexión en voz alta y a solas puede causar sufrimiento o felicidad, según los mensajes que decidas enviarte. Reescribir el diálogo que ocurre dentro de nosotros nos puede liberar de pesados paradigmas mentales, de hábitos dañinos y de sentimientos que nos llevan al suelo psicológico. En realidad, es maravilloso que cuando nos sintamos frustrados o desmotivados, pongamos en práctica la búsqueda de lo que nos decimos en los pasillos de nuestro interior y tomemos medidas en cuanto a esas expresiones y las transformemos radicalmente.

- **No te endulces la vida de manera artificial**

Son demasiadas las personas que cuando se sienten tristes o amargadas se refugian en la ingesta de dulces. Este comportamiento puede suceder de forma consciente, pero en la mayoría de los casos es de forma inconsciente. Nuestro sistema nervioso gasta mayor cantidad de glucosa cuando estamos preocupados, por lo que nuestro organismo siente la imperiosa necesidad de restablecer el nivel perdido de azúcar en la sangre. Por esta razón muchas personas comen dulces en exceso, o beben alcohol en momentos de bajones emocionales. Es una forma inconsciente de acallar sus pensamientos negativos. Uno de los problemas mayores que genera esta conducta es que se puede convertir con mucha facilidad en una adicción.

- **Vela tu postura corporal**

¿Sabías que la postura de nuestro cuerpo influye de manera poderosa en nuestro bienestar emocional? Es casi imposible que nos sintamos abatidos si caminamos sacando el pecho y con los hombros hacia atrás. Siempre que procesamos algo en nuestra alma, tiene consecuencias en nuestro cuerpo y en nuestro estado de ánimo. Una persona feliz caminará con paso firme y con la espalda erguida. A partir de esta lectura, te invito a que te observes y te darás cuenta de que cuando estás de mejor ánimo, caminas con pasos más alargados y enérgicos que cuando te encuentras en un estado de abatimiento. Sal a caminar a la calle como un hijo de Dios que vive aquí la promesa de que es más que vencedor.

- ## Sonríe, por favor

  La risa cura el alma. Hay un poder absolutamente terapéutico en la acción de sonreír. Nuestra corteza cerebral desprende impulsos eléctricos instantáneos después de sonreír, y esto les produce estímulos saludables a nuestra mente y a nuestro cuerpo. Es bien conocido que al sonreír ponemos en marcha treinta y dos músculos de la cara que estimulan la secreción de endorfinas y mejoran de forma automática nuestros estados anímicos. Mírate al espejo y sonríe de oreja a oreja. Sonríe mientras oras. Sonríe mientras adoras a Dios y durante el día. Sonríe todo lo más que puedas. Las carcajadas eliminan el estrés y las tensiones, reducen el colesterol, calman el dolor, rejuvenecen, y reducen los problemas cardiovasculares y respiratorios.

- ## Saca tiempo para ti

  Las responsabilidades y obligaciones pueden consumir casi la totalidad de tu tiempo. Planifica tu agenda y organízate de tal forma que saques tiempo para estar contigo mismo. Puedes darte un baño de agua caliente, visitar librerías, tomarte un café o un chocolate caliente, salir a caminar al aire libre, tomar un curso de algo que te llame la atención, visitar un museo, dibujar, pintar y crear todo tipo de cosas que te generen satisfacción.

- ## Escribe con la mayor frecuencia posible

  El ejercicio de la escritura tiene una función trasformadora en el pensamiento. Es un mecanismo para ventilar asuntos, desahogarse, reflexionar, agradecer y revaluar las circunstancias de la vida. Redactar a mano, justo antes de acostarnos, es una tarea muy recomendable. La escritura también sirve como un mecanismo para detener los pensamientos obsesivos o reiterativos de una misma situación. Es conocido el hecho de que practicar la escritura expresiva provoca aspectos muy positivos sobre la salud. Por ejemplo, relajarse, mejorar la calidad del sueño, controlar la presión arterial, reducir las adicciones, etc. A mis pacientes que padecen de ansiedad, suelo darles la tarea de que lleven un diario terapéutico como una forma de canalización saludable de sus emociones.

- ## Libérate de los sentimientos de culpa

  Una de las emociones que más pueden amargarle la vida a una persona es la culpa. Todos los días veo en mi consultorio personas que viven condenándose a sí mismas y en estado de autoflagelación. En tu caso, quizá te estés recriminando con las ideas de que fallaste, te equivocaste y que cometiste muchos errores. La culpabilidad es una forma de angustia, ya que es vivir atrapado en asuntos del pasado. A lo mejor tu sufrimiento se deba a un fuerte sentimiento de enojo contigo mismo por cosas que hiciste o dijiste. No vale la pena que sigas inmovilizándote en el presente por situaciones que ya pasaron. Aprende de las experiencias y sigue adelante.

- ## Amplía tu círculo de amistades

  Muchas personas inmersas en el sufrimiento pueden tener una tendencia a aislarse. Tal vez esté latente la creencia de que pueden ser una «carga» para los demás o piensen que a nadie le apetece estar a su lado. Nada más lejos de la realidad. La gente que nos ama, y para quienes somos importantes, harán lo que esté a su alcance para apoyarnos. Intenta recuperar amistades del pasado con las que hace tiempo no te relacionas y que en algún momento de tu vida te fueron de bendición. Intenta hacer citas con personas positivas que sean de tu núcleo de amistades e incluso identifica a gente nueva que te gustaría que fuera tu amiga. Involucrarte con otras personas te ayudará a sentirte acompañado y a disfrutar más de la vida.

- ## Declara el favor de Dios sobre tu vida

  Desde que abras los ojos en la mañana, declara el cuidado, la protección y la cobertura de Dios sobre tu vida y sobre la vida de las personas que amas. Es bueno que lo hagas varias veces en el día, pues te conecta con la realidad de un Dios que te favorece por su gran amor y misericordia. Cuando te acuestes a dormir en las noches, continúa dándole gracias a Dios y afirmando sus infinitas bondades. Vive con una mentalidad de favorecido de Dios. Todos sus hijos lo somos. Haz tu parte y Dios hará la suya. Sigue adelante, sin rendirte, con la seguridad de que Dios desea derramar su poder sobre tu vida, y hacer grandes cosas en ti y a través de ti.

- ## Apodérate de una actitud de fe

  La Biblia nos enseña que la fe es un ingrediente fundamental en nuestra vida cristiana. Quienes la disfrutan, de seguro que viven de manera más satisfactoria, con mayor nivel de bienestar y son más felices. Puede ser que tuvieras experiencias muy fuertes y duras que te hayan hecho flaquear en la fe. Has dejado de creer que algo bueno puede suceder en tu vida. Has dejado de establecerte metas y has perdido tus sueños. Te has dado por vencido porque no has visto el cumplimiento de esa petición tan anhelada. Por encima de los obstáculos, las dificultades y los impedimentos, te invito a creer, pues esa fe te hará bien. Dios no falla, no miente y siempre cumple sus promesas.

- ## Disfruta del amor de Dios

  Es maravilloso cuando conoces y comprendes que no necesitas ser perfecto para que Dios te ame. La Biblia dice que Él no hace acepción de personas; es decir, a todos nos considera dignos de su amor. Hay personas que pueden vivir amargadas porque tienen la visión de un Dios religioso y hasta punitivo. Para los seres humanos es difícil entender la forma en la que ama Dios, porque es muy distinta a la nuestra. En la manera en que aman las personas suele haber condiciones y límites. Dios nos ama por encima de todo. Su amor no depende de las circunstancias, sino que es incondicional.

Oración

Buen Dios:

Estoy en angustia, pero mi fuerza está en ti. Tengo total seguridad de que me cuidas. Tu cobertura está sobre mí. Toda mi esperanza la deposito en tu gran poder. Mi alma espera tu socorro y pronto auxilio. Siempre me has demostrado que estás conmigo en momentos de dificultad. Tu inmenso amor me protege y permitirá las mejores bendiciones para mi vida, sin importar lo que griten las circunstancias. Tengo la seguridad de que tu amor lo cubre todo. En el nombre poderoso de Jesús, amén

Afirmaciones

Te invito a que repitas las siguientes afirmaciones:

- Yo soy fuerte en Dios.
- Creo que el mejor momento para comenzar de nuevo es ahora.
- Cambio mi diálogo interno a uno lleno de amor y paz.
- Hoy decido sonreír.
- Me libero de toda condenación hacia mí mismo.
- El favor de Dios está en mi vida.
- Disfruto de la gracia de Dios.

Tus propias afirmaciones

Ejercicios para contestar, reflexionar y aplicar

1. Identifica las emociones que estés experimentando y que se encuentren asociadas al sufrimiento.

_____

_____

_____

_____

2. ¿Cuáles son los eventos del pasado o del presente que te hacen sufrir?

_____

_____

_____

_____

3. De acuerdo a lo analizado en este capítulo, ¿cómo puedes lidiar con el sufrimiento de forma saludable?

_____

_____

_____

_____

4. ¿De qué manera puedes reinterpretar en forma positiva las experiencias que te han causado sufrimiento?

_____

_____

_____

_____

CAPÍTULO 10

SALUD MENTAL EN EL NOVIAZGO Y EL MATRIMONIO

«Así que no nos cansemos de hacer el bien.
A su debido tiempo, cosecharemos numerosas bendiciones
si no nos damos por vencidos».
Gálatas 6:9

¿Por qué elegimos a una persona en particular para entablar una relación de pareja? ¿Cuáles son nuestros criterios internos para decidir enamorarnos de una persona en específico? ¿Qué ocurre en nosotros que cuando estamos con alguien no nos sentimos satisfechos? ¿Por qué al conocer a alguien tenemos una etapa de enamoramiento, pero después sentimos que se perdió el encanto? ¿Por qué algunas personas después de estar durante un tiempo en una relación siempre quieren salir huyendo? ¿Por qué una persona que has amado se puede convertir en la más odiada por ti? ¿Por qué una persona que invirtió en ti su vida ahora quieres estar lo más lejos posible?

Cuando no hemos tenido la oportunidad de trabajar en nuestra sanidad interior, es importante destacar que en el momento en que elegimos a una persona para enamorarnos, no solo la elegimos a ella, sino a todos los vínculos que consideramos que esa persona establece con nuestro pasado afectivo. Es decir, pretenderemos que llenen y satisfagan nuestras deudas de amor. Nuestras deudas de las primeras etapas de la vida son las que determinan y definen nuestros comportamientos a la hora de buscar pareja.

Todas las personas tenemos necesidades emocionales básicas como: seguridad, protección, atención, validación, reconocimiento y amor, entre otras. Cuando no se satisfacen esas necesidades, sobre todo en la infancia, podemos pretender que lo haga alguien en nuestra adultez. Por lo que he visto, casi siempre esa pretensión se canaliza hacia una relación de pareja. Esta demanda inconsciente se puede reflejar principalmente en el matrimonio.

Si seleccionamos o nos relacionamos teniendo como base nuestras carencias, podemos buscar un sustituto psicológico de nuestra madre o nuestro padre. Esto hace que las relaciones se desequilibren debido a que se incrementan las demandas y siempre estará el vacío ante las exigencias emocionales. La cuestión es que al encararlo de manera realista, nos daremos cuenta de que ningún ser humano en la tierra puede llenar nuestras necesidades insatisfechas. He visto demasiadas veces en mi oficina la manera en que se agotan las dos partes, tanto quien exige como quien trata de suplir lo imposible.

Los únicos que podemos enmendar esas deudas psicológicas somos nosotros mismos y siempre con la ayuda de Dios. En el plano de lo que es ideal, cada persona debe trabajar con la sanidad de tales asuntos antes de casarse. Cuando esto se logra, no se va a un matrimonio con la mentalidad de lo que el otro me pueda dar o satisfacer, sino que se va a compartir de manera saludable lo que ya se ha adquirido de forma individual. En otras palabras, no entro en una relación para que la otra parte me dé seguridad, sino que ya esa seguridad interior la tengo y expreso la plenitud que me provoca. No se trata de entrar a una relación para llenar un cráter de amor debido a que no me sentí amado por mi padre o por mi madre, sino que ya tengo el amor dentro de mí y eso me permitirá escoger a alguien que me ame de forma funcional, práctica y saludable.

Estoy convencida de que la selección de una persona para un noviazgo debe ser un proceso consciente y que tiene que estar guiado por el Espíritu Santo. No siempre la confirmación vendrá de forma audible ni por profetas. En muchas ocasiones, el Señor utiliza el sentido común que nos ha dado para tomar decisiones acertadas. La paz suele ser un muy buen indicador de que lo que escogimos proviene de Dios.

El noviazgo es la antesala a un matrimonio y con quién uno se casa es una de las decisiones más importantes que se toman en la vida. Aunque las emociones y los sentimientos son importantes, no podemos basarnos en estos de forma exclusiva para llegar a tal decisión, sino que la parte racional es fundamental. Para los adolescentes es natural tomar la decisión de un noviazgo regidos en su totalidad por lo que sienten. En la madurez de la vida adulta debe escucharse la voz del intelecto y de la razón.

Muchas depresiones y ansiedades se relacionan con asuntos de pareja. Es más, los problemas amorosos son de las primeras causas de suicidio. Entiendo que gran parte del sufrimiento que experimentan las personas en una relación se debe a que no le dieron importancia a señales e indicadores que se presentaron desde el principio. Determinaron negociar o hasta ignorar aspectos que después han explotado y que, con el tiempo, han tenido que reconocer que sí eran importantes de verdad.

¿QUÉ FILTROS DEBEMOS UTILIZAR AL MOMENTO DE ESCOGER A ALGUIEN PARA CASARNOS?

He notado que son demasiados los que entran en una relación de pareja con tal de no estar solos, por recibir atención o les ciegan ciertas características del otro que no les permite ver con claridad el conjunto de su personalidad. Por eso uno de los pasos principales para escoger de forma saludable una pareja es sentirse a gusto con uno mismo. ¿Por qué? Esto evitará que escojas a alguien que no sea apropiado para ti con tal de estar acompañado. Es maravilloso cuando aprendemos a disfrutar la compañía de nosotros mismos, tolerar nuestras frustraciones y el miedo a fracasar. Así que veamos algunos filtros que nos serán útiles a la hora de elegir pareja.

1. Evalúa la compatibilidad espiritual

Con esto nos referimos a tener en cuenta las creencias, los valores y los aspectos morales. La Biblia aconseja que no estén juntas dos personas que no se encuentren en una misma frecuencia espiritual. Nos dice que no nos unamos en «yugo desigual», pues no hay comunión de «la luz con las tinieblas» (lee 2 Corintios 6:14, RVR60). No es recomendable establecer lazos de unión entre personas con intereses y valores contrapuestos. Una acción que contribuye a conocer mejor a una persona es exponerse a su familia de origen e identificar las dinámicas familiares.

2. Deriva las lecciones de relaciones fallidas

Las personas llegan a nuestras vidas como regalos o como pruebas. En toda prueba hay lecciones. ¿Qué aprendiste en las relaciones de pareja que tuviste? Es importante adquirir esas lecciones. De lo contrario, podemos seguir repitiendo los mismos patrones. He escuchado a demasiada gente que su situación es que escoge siempre el mismo tipo de persona. Identifica también cuáles fueron los aciertos, pues de estos se aprende también. En este sentido toda persona que pasó por nuestra ruta de vida es un regalo.

3. Identifica los aspectos que se tienen en común

Evalúa de manera objetiva cuáles son esas características sobre la visión de la vida y las metas que tienen en común. Observa los gustos y pasatiempos: «¿Cuánto se parecen a los tuyos?». Si las proyecciones que se tienen sobre la vida son opuestas en aspectos que consideras muy importantes, tarde o temprano se generarán conflictos que pueden llevar a terminar la relación o te conducirán a que negocies eso que era valioso para ti y, entonces, puede arroparte la frustración.

4. Valora la comunicación

Una de las experiencias más efusivas y enriquecedoras de la vida en pareja es poder franquearse de manera emocional y con libertad ante la otra persona. Tener la capacidad de expresar sentimientos a través de las palabras y los gestos. Cuando no hay compatibilidad en la comunicación, se generan altas tensiones. Si la conversación no es fluida, es probable que esa pareja termine en aburrimiento.

5. Comprométete en la relación

El compromiso hace referencia al grado que una persona está dispuesta a acoplarse a otra y permanecer en esa relación aunque lleguen tempestades. He notado que si algo hace que una relación tenga estabilidad es el compromiso. Un problema que estamos viendo en este tiempo es que muchas personas no quieren comprometerse y no están dispuestas a casarse. Lo triste y lamentable es que también sucede que, aun después de casados, en la primera crisis ya se quieren divorciar. Cuando estás conociendo a alguien, es fundamental examinar dónde está posicionada la persona en cuanto al compromiso. Si no tiene tu misma visión, será una pérdida de tiempo.

6. Advierte el sentido del humor

Estoy convencida que uno debe pasar la vida con alguien que nos haga reír y que también le rían las gracias a uno. La vida es muy corta para vivirla en amargura. Se debe poseer más o menos el mismo sentido del humor. Es admirable cuando en una relación de pareja sus miembros tienen la habilidad de divertirse juntos y se disfrutan a plenitud el uno al otro.

7. Observa la administración de las finanzas

Mantente observando cómo la persona controla su dinero. ¿Es un buen administrador? ¿Es tacaño? ¿Tiene buen crédito? Identifica si administra sus finanzas a través de un presupuesto, si paga sus deudas y si no hace gastos innecesarios con frecuencia. Las discusiones y peleas sobre asuntos de dinero son frecuentes cuando una de las partes de la relación tiene dificultades en este aspecto, pues es algo que genera mucha ansiedad.

EL CEDAZO DEL NOVIAZGO

La familia fue, es y siempre será la base de nuestra sociedad. Ha recibido muchos ataques, pero nada ni nadie ha podido derrumbar la institución familiar. La familia nace del matrimonio y uno de los factores que en gran medida determina su comienzo exitoso es el período del noviazgo. Como dice el refrán popular: «Lo que mal comienza, mal termina». Por otro lado, lo que dedicamos con esmero a comenzar de forma saludable tiene altas posibilidades de triunfo.

El ritmo del noviazgo se ha ido complicando a través del tiempo. Ahora los miembros de una relación de pareja de novios suelen tener multiplicidad de papeles. En muchos casos, observo que una de las partes, o ambas, trabajan y estudian. El tiempo que les queda para conocerse, comunicarse y estar juntos con tranquilidad es poco. A veces, las conversaciones se dan más por mensajes de texto, WhatsApp, Instagram, Facebook u otros mecanismos del internet. Cuando se utilizan estos métodos virtuales para la comunicación, es muy común que se generen distorsiones en la interpretación. Más del ochenta por ciento de la comunicación es no verbal. Cuando la comunicación es digital, se pierde todo el lenguaje corporal y el tono de las palabras. Esto da cabida a tensiones y ansiedades por un asunto que el mensaje no pudo transmitir o se recibe de forma equivocada.

Aunque a algunos les ha ido bien conociendo personas por internet, a muchos otros les ha ido muy mal. El uso del internet para «conocer» personas de lugares distantes puede generar frustraciones, engaños, sobornos, abusos y hasta peligrosidad. Por este medio no existe forma de saber si lo que escribe la persona es una mentira para aparentar que es «la persona ideal». Hay que dar lugar a que se conozca a la persona en lugares públicos, así como a la familia, sus compañeros de trabajo, y otras figuras que le rodean y que se consideren importantes. Esto debe ser así antes de pasar a una relación de noviazgo. Sobre todo, debe estar presente el elemento del amor. Este es el ingrediente fundamental. Es mucho más que la fascinación o el «encantamiento» que ocurre en muchas relaciones durante su primera etapa.

Por lo general, el amor se pone a prueba cuando pasa esa idealización que uno hace de la otra persona, lo cual puede ir acompañado del pensamiento de que no se puede vivir si no se está cerca del otro. Cuando pasa la fase inicial de conquista en la que casi nunca presentamos nuestros defectos, se descubrirán las fallas, los problemas de temperamento y de personalidad. Todos tenemos aspectos de mejoramiento y de oportunidad, los que no se pueden esconder por más de cinco meses. El «verdadero yo» saldrá a relucir. Si cuando esto sucede le amas y deseas también continuar en la relación de manera racional, pasaste de una etapa a otra. Es recomendable que las personas no se casen mientras estén en ese período de fascinación inicial.

No existen fórmulas mágicas para que un noviazgo sea exitoso. Sin embargo, el hecho de que ambos se ofrezcan tiempo de calidad, espacios de comunicación, oportunidades suficientes para conocerse estrechamente, tanto a sí mismos como a las familias y amigos relacionados, podría contribuir de manera significativa a que el comienzo del matrimonio sea una base sólida para una relación de larga duración. Siempre hay quienes sobreviven a circunstancias adversas. No obstante, es recomendable que se hagan los esfuerzos para construir un cimiento firme.

Uno de los asuntos que más conflictos suele traer en noviazgos donde uno de sus miembros es cristiano, o ambos lo son, es el de las relaciones sexuales. No tiene ningún fundamento científico el argumento de que para que un matrimonio funcione tienen que conocerse mejor y que, para conocerse mejor, deben tener relaciones sexuales antes de casarse. Sabemos que las posibilidades de mayor satisfacción en una relación matrimonial aumentan según se tenga un considerable nivel de profundidad sobre aspectos intelectuales, espirituales y emocionales. Nadie debe permitir que le sobornen psicológicamente con amenazas de que terminarán la relación si no llegan a tener intimidad. De suceder así, es posible que debas concluir que esa persona no debe ser con quien decidas unirte por el resto de tu vida. Nadie debe ponerte en conflicto y presionarte para negociar los principios y valores que son importantes para ti.

Cuando tomamos decisiones, sobre todo una tan importante como con quién compartir nuestra vida sentimental y afectiva, debemos respondernos tres preguntas importantes.

1. ¿Esta decisión está en armonía con lo que establece la Palabra de Dios?
2. ¿Esta decisión me hace daño a mí o me quita la paz?
3. ¿Esta decisión le puede hacer daño a otra persona?

Como ya mencioné, no existen fórmulas mágicas que garanticen por completo una relación exitosa. Sin embargo, es de reconocimiento general que el amor es el ingrediente fundamental para que una relación entre dos personas sanas sea duradera. El hecho de que haya amor no librará a la relación de conflictos. Aun así, el amor será una fuente de fortaleza para perdonar, pedir perdón y sobreponerse. Encontrarán soluciones y descubrirán las formas de cómo se pueden evitar problemas para el futuro. Cuando se ama, no se maltrata ni se abusa del otro en ningún sentido. Cuando amamos, no pretendemos cambiar a la otra persona. La aceptamos tal cual es. Lo que no se puede admitir nunca, ni jamás se debe negociar, es el maltrato emocional, físico y sexual. Tampoco se debe consentir la restricción de la libertad ni los celos patológicos.

Algunas personas están en una relación con la creencia de que podrán cambiar al otro. El hecho de intentar modificar a alguien es algo que desgasta, pues no es real. Nadie tiene el poder ni el control para cambiar a otra persona. Nosotros somos los únicos en los que existe el potencial del cambio con la ayuda de Dios. Sin embargo, uno no lo puede hacer por los demás. Ciertas depresiones suelen estar asociadas a la frustración permanente de estar en una relación donde quieres que la otra persona sea por completo distinta a la que es. Frente a esta situación, existen dos alternativas: le acepto como es sin pretender cambiarle, o abandono la relación porque la persona no cumple con mis expectativas o es maltratadora.

No existen príncipes azules ni princesas de cuentos de hadas. Si procuramos elegir y cultivar un amor realista, libre de la expectativa irreal de la perfección, disfrutaremos de una relación saludable y feliz. Las personas no llegan como provenientes de la realeza, sino como mujeres y hombres de carne y hueso. Vienen con sus imperfecciones y características extraordinarias que les hacen únicos y especiales. Te invito a que aceptes la hermosura de la imperfección. Por supuesto que la persona debe poseer las cualidades que son muy importantes para ti, pero te recuerdo que nunca será perfecta.

ASPECTOS EMOCIONALES DEL MATRIMONIO

Las personas casadas son más longevas que los solteros. Según las estadísticas de los seguros de salud en los Estados Unidos, quienes tienen una relación matrimonial viven más años debido a que gozan de mejor salud física y emocional. El matrimonio es importante para la estructura y vitalidad de nuestra sociedad. Sin embargo, la taza de divorcio es muy alta.

Actualmente en los Estados Unidos, más del 50% de las parejas que se casan terminan en divorcio. En mi país, Puerto Rico, la taza de divorcio anual supera el 75%. En otras palabras, de cada cuatro parejas que se casan, tres terminan divorciándose. Si estos datos son alarmantes, más impactantes y preocupantes aún son los datos que revelan que el 50% de los matrimonios de pastores terminan en divorcio.

Así comienza el relato de una mujer a quien admiro mucho, perteneciente a una familia pastoral y de un bello corazón.

Un año de novios. Dieciocho años casados. Cinco años divorciados. Y perdimos la cuenta de los días que llevamos sorprendidos de los milagros que cada día hace Dios en nuestras vidas. Nunca fueron buenos los pronósticos para una joven pareja que inició de forma atropellada su relación. Muchos apostaron a que no duraríamos dos años. Yo tenía un mes de cumplir los dieciocho años y mi esposo veinticuatro. A decir verdad, no sé por qué nos casamos tan rápido. Yo era feliz en mi hogar. Mi papá me brindaba todos los recursos necesarios para que estudiara y me desarrollara. Mi mamá era mi mejor amiga.

La realidad es que tengo un vago recuerdo de lo que sentía y de mis razones. Aun así, me casé y me di cuenta de la magnitud de la decisión que tomé a los diecinueve años cuando me encontré con un bebé de seis meses en mis brazos y nuestra primera crisis de pareja justo cuando estábamos a punto de cumplir dos años de casados.

En fin, se casó, se divorció y se volvió a casar. Tuvo tres hijos que se llevan tres años cada uno. Completó sus estudios universitarios y, junto a su esposo, estableció un negocio familiar luego de muchas crisis económicas. A sus crisis internas se fueron sumando huracanes, tormentas, escaseces y mudanzas.

Ambos se concentraron en criar a sus hijos. Sacarlos adelante se volvió el eje de sus vidas. Cada tres o seis meses se asomaba el mal estado de su relación, pero seguían juntos. En dieciocho años se separaron en dos ocasiones. Buscaron ayuda profesional, participaron de muchas conferencias para matrimonios y tuvieron un extraordinario sistema de apoyo. ¡Seguían luchando para mantenerse juntos!

En el año 2015, estaba convencida de que ya lo habían superado todo. Comenzaron a ayudar a otras parejas que enfrentaban crisis. Incluso, estaban convencidos de que, si no se separaron en medio de las feroces tormentas que enfrentaron en dieciocho años, ya nada los separaría.

Al volver la vista atrás, cuando analiza todo lo que superaron en su relación, no le queda dudas de que la sostenía la convicción de que se casó para siempre y el celo por lo que representaba para su autoestima esa unión. Aun con esa convicción, el 7 de septiembre de 2016 llegó a un tribunal para firmar los documentos que la separarían para siempre del amor de su vida. En ese momento tenía treinta y seis años de edad. La mitad de esos años los pasó en la casa de sus padres y la otra mitad en el hogar que formó junto a su esposo. Por otro lado, la agobiaba la vergüenza pública. Si hubiera tenido la facultad de esconder esa parte de su vida, lo hubiera hecho. No quería que nadie supiera que «la hija del pastor», «la líder de alabanza», había fracasado en su proyecto más importante y en lo que le daba identidad en ese momento.

¿Qué fue lo que sucedió? Esta sensible mujer nos sigue contando:

Divorciarse podría ser muy común hoy, lo que no sé es si fue tan común en mis circunstancias. Mi esposo y yo discutimos por un conflicto de agendas. Después de esa discusión, se fue a dormir a otra habitación y pasó una semana sin que él hiciera algo para remediar el asunto.

Un miércoles, víspera del Día de Acción de Gracias, antes de irme a la iglesia y él a la universidad, le pregunté si no pensaba hacer nada para arreglar las cosas. Me dijo que no, y yo después de años de sentir que remaba sola en la relación, le propuse que hiciera algo para resolverlo o que mejor se fuera porque esta vez yo no haría nada en lo absoluto. Estábamos cansados de luchar y de ir contra la corriente en nuestra relación.

Me fui a la iglesia con la esperanza de que, mientras adoraba a Dios, ocurriera un milagro en mi esposo. El milagro que esperé por años. Sin embargo, cuando llegué a casa, mi esposo se había llevado todas sus cosas. Recuerdo que me desplomé en el piso de mi armario.

Mi esposo se volvió duro, hostil y rebelde. A los pocos días de haberse ido, nos reunió a mis hijos y a mí. Les dijo: «Yo no amo a su mamá y me quiero divorciar». Eso acabó con la última esperanza que tenía para que se salvara nuestra relación. Ver con mis propios ojos cómo les rompía el corazón a mis hijos fue devastador. Me tomó tiempo y muchas terapias llegar a perdonar esa acción.

De ser un padre siempre presente se volvió ausente por completo durante un año. En ese año, él también estuvo alejado de Dios. Yo aboné al desastre dejando que me guiara el despecho, la rabia y el dolor. Jamás oré para que regresara. En cambio, mi amor estaba intacto, pues aunque quería negarlo, era amor de verdad. Cuando la jueza me preguntó si quería divorciarme, me eché a llorar. Sin embargo, tras varias preguntas incisivas, mi esposo respondió y se reafirmó en que se quería divorciar porque ya no me amaba.

Nos divorciamos y unas semanas después se inició el verdadero caos. Mi esposo se me acercó, pues quería que lo volviéramos a intentar. Para mí no había espacio para nosotros. Cada vez que cantaba una canción que hablaba de que «Dios es el Dios de otra oportunidad», yo sentía que un alambre bajaba por mi garganta hasta el corazón. Me enojaba cuando alguien me decía que oraba por nuestra restauración. En mi corazón no había posibilidades. En cambio, Dios no se había olvidado de mi oración. Esa que hice cuando estábamos casados aún. Esa en la que le pedía un nuevo esposo que me hiciera sentir amada. Aunque tuve varias crisis de fe, permanecí en mi único refugio. Dios usó el desastre que mi esposo y yo hicimos con nuestra familia, las ruinas y la tumba para construir un nuevo jardín. Aunque me había olvidado de mis oraciones y mis anhelos, mi Padre no los olvidó.

Seguimos orando y fuimos a terapia psicológica. La humildad con la que mi esposo lidiaba con mis reproches seguía sanándome. No sé con exactitud cuándo pasó, pero después de una especie de ataque de pánico por pensar tanto en lo que podría suceder si volvíamos, tomé la decisión. Mi papá siempre nos dice que un círculo de pensamientos se detiene con una acción. Dios fue restaurando todos los aspectos que se quebrantaron en nuestra vida. Desde lo económico hasta lo espiritual. No lo pensamos más y nos volvimos a casar en medio de una pandemia.

Miramos atrás desde donde nos encontramos y, entre muchas cosas, aprendimos que el cansancio no es el lugar para tomar decisiones. Cuando se está cansado, se descansa, no se debe hacer nada más. Seguimos en el proceso de reconstrucción. Ya podemos cenar junto a nuestros hijos. Antes era un momento ordinario. Ahora lo atesoramos como lo que es, un milagro. Dios nos sigue sorprendiendo con el milagro más extraordinario que solo Él sabe hacer: transformar la mente y el corazón de los seres humanos. Es que en ese milagro no hay espacio para las dudas.

Cuando contraemos matrimonio con una persona que amamos, soñamos con la construcción de una vida juntos para el resto de nuestra existencia en la tierra, como exhorta la Biblia. Nos casamos con grandes ilusiones. Podemos tener la expectativa de que será como un cuento de hadas o como una de esas películas románticas producidas en Hollywood. No obstante, como le ocurrió a este matrimonio, los votos que hicimos en el altar el día de la boda, tarde o temprano se pondrán a prueba. El vivir juntos requiere grandes ajustes y trae muchos cambios, tanto a nivel individual como relacional. Puede ser que, al igual que ellos, sientas que el cansancio te traiciona y los pensamientos de huir de la relación están ahí. No se debe esperar a que el matrimonio siempre esté en la cúspide de una montaña. Llegarán las crisis. Es una buena noticia descubrir que aun cuando las circunstancias se vuelvan muy complejas, no todo está perdido. Cuando las dos partes se comprometen a salir adelante, hay esperanza por encima de cualquier situación difícil.

Los matrimonios estables, duraderos y en los que sus miembros se consideran esencialmente felices, requieren de trabajo, madurez y esfuerzos. En la actualidad, cuando el modernismo y el liberalismo les hacen la guerra a los principios y valores del matrimonio, resulta fundamental luchar, estar firmes y alinearnos con lo que se establece en la Palabra de Dios.

El matrimonio es la única relación en la que dos personas, de alguna forma, se convierten en una sola carne (lee Génesis 2:24, LBLA). Ninguna otra relación humana genera esta fascinante vivencia. Dios diseñó la relación entre esposo y esposa para ser buena. Se nos concedió para suplir la necesidad de amor, intimidad y apoyo. Creo firmemente que el matrimonio es un escenario extraordinario para ser felices.

CASADOS, PERO FELICES

No existen matrimonios perfectos. La razón es evidente. Tampoco existen mujeres perfectas ni hombres perfectos. Todos cometemos errores. En lo personal, no conozco ningún matrimonio perfecto y el mío para nada lo es. A pesar de eso, sí conozco algunos, incluyendo mi matrimonio, que con mucho trabajo, amor, compromiso y hasta sacrificios, han persistido y no se han rendido hasta lograr una relación profunda, armoniosa y estable. No está libre de conflictos, pero es feliz.

A continuación, te brindo veinticinco consejos para estar casados y ser felices. Sí, ¡eso es posible!

1. No mires hacia atrás. Lo que pasó, ya pasó.
2. Cuando fallamos, debemos admitirlo. Es necesario mostrar humildad y reconocer nuestras faltas.
3. Pide perdón cuando has fallado. Esta acción es de personas inteligentes en lo emocional y maduras en lo espiritual.

4. Perdona. Cuando lo hagas, no vuelvas a hablar sobre el asunto que perdonaste.
5. Aprende a comunicarte con eficiencia. No te tragues lo que sientes. Cuando hables, hazlo con respeto y amor.
6. Refuérzale las cosas que te gustan. Exprésale las cualidades que admiras. Destácale lo positivo. Fortalece la autoestima de tu pareja.
7. Describe lo que no te gusta en forma clara, precisa y sin humillar. Cuando logre el cambio, llénale de elogios porque esto provocará que la conducta positiva se repita.
8. Resuelve los problemas lo antes posible. Nunca se debe estar tan ocupado, abrumado o cargado como para no poder resolver los conflictos. No dejes que se acumulen asuntos importantes. Esto es peligroso porque todo lo que se almacena, tarde o temprano va a estallar.
9. Nunca te acuestes a dormir con enojo. Habla con tu cónyuge sobre tus sentimientos durante el día, y trata de llegar a unos acuerdos o negociaciones antes de ir a la cama.
10. Escucha con atención. Hay que guardar silencio y prestar atención. No interrumpas mientras la otra persona esté hablando.
11. No lo analices todo. Analizar en exceso causa mucha tensión. Es imposible que lo comprendamos todo.
12. Habla si tienes insatisfacciones en el sexo. Identifica y comunica cómo te sientes en cuanto a la frecuencia, posiciones e higiene, entre otros. Recuerda que tu cónyuge no puede leer tu mente.
13. Demuestra tu compromiso con la relación. Una forma vital de mostrarle sensibilidad al cónyuge es cumpliendo lo que le has prometido. Refleja con hechos que respetas los acuerdos que han realizado.
14. Acepta al otro. No trates de cambiarle. La aceptación es una columna fuerte en los matrimonios exitosos.
15. Disfruta las diferencias. Los polos opuestos se atraen, así que hay una alta probabilidad de que seas diferente a tu cónyuge en muchas cosas. Es válido que la pareja tenga gustos, temperamentos y formas distintas de divertirse.

16. Sé flexible. Una forma de ser sensible con el cónyuge es siendo flexible. A veces surgen situaciones y problemas que no están bajo el control del cónyuge.

17. Divide las tareas de la casa y del cuidado de los hijos. Cuando una de las partes esté abrumada por la multiplicidad de papeles, esa frustración y ese cansancio redundarán en conflictos matrimoniales.

18. Estimula a tu pareja en cuanto a su aspecto físico y haz tu parte para sentirte atractivo tú también para tu pareja. He escuchado a muchas personas en terapia mencionar que su pareja ha dejado de alagarle por su apariencia y que los elogios que reciben son de otras personas. También sucede que algunas personas se abandonan físicamente después de casarse, no arreglándose bien y desatendiéndose.

19. Mantente siendo detallista. Se debe estimular al cónyuge con palabras, hechos y prácticas de amor. Como por ejemplo, alagar a la pareja frente a sus amistades, enviarle flores, salir a una cita amorosa (solos, sin los hijos), enviarle un mensaje o canciones por el teléfono, dejarle notas en lugares inesperados, etc.

20. Evita caer en la rutina. Esta es una gran enemiga de las relaciones. Trata de innovar y ser creativo en todos los aspectos que tienen que ver con la relación. No permitas que la relación caiga en la monotonía.

21. Establece límites con la familia de origen, amistades, hermanos de la iglesia y compañeros de trabajo.

22. De ser necesario, busca ayuda profesional. Es importante identificar cuándo las situaciones no se pueden controlar por sí solas y es necesario asistir a un terapeuta.

23. Establece el matrimonio como una prioridad. Vivimos en una sociedad que nos mantiene sobrecargados. Es importante demostrarle al cónyuge que su persona es lo más importante después de Dios.

24. Ama sin medida. Debemos dar de manera afectiva todo lo que esté a nuestro alcance y más.

25. Usa la oración. Cuando hablamos con el Señor, recibimos paz, dirección, gozo, consuelo y ayuda.

 Oración

Amado Señor:

Estoy delante de ti en actitud de amor. Confío en que me diriges a tomar las mejores decisiones. Descanso en tu voluntad. Tengo la intención de que me ayudes a discernir y comprender con misericordia y compasión a quien pusiste a mi lado. Quiero ser un ente de paz y felicidad. Mi anhelo es bendecirle en todas las formas posibles. Respetarle, cuidarle y valorarle. Ilumíname para tener siempre palabras sabias que sirvan de refrigerio, estímulo y apoyo. Ayúdame a renovar mi mente y quita de mí el cansancio. Disfrutaré su vida, tanto como la mía. En el poderoso nombre de Jesús, amén.

 Afirmaciones

Te invito a que repitas las siguientes afirmaciones:

- Veo la belleza en mi cónyuge en todos los sentidos.
- Tengo confianza en mi matrimonio.
- Sostenemos una relación fuerte y saludable.
- Nuestro matrimonio nos hará más felices.
- Presto atención a las necesidades de mi cónyuge.
- Confío en los sentimientos del uno por el otro.
- Solo miraré hacia atrás como una fuente de aprendizaje.

Tus propias afirmaciones

Ejercicios para contestar, reflexionar y aplicar

Si eres soltero:

1. ¿Cuáles son las cualidades que deseas en una persona para compartir tu vida en pareja?

_____

_____

_____

_____

2. ¿Qué cualidades son inaceptables para ti en un candidato para el matrimonio?

_____

_____

_____

_____

Si eres casado:

1. ¿Qué aspectos debes trabajar en tu matrimonio?

_____

_____

_____

_____

2. ¿Qué cosas puedes hacer de una manera diferente para que tu matrimonio sea mejor?

_____

_____

_____

_____

3. Hazle una oración al Señor de modo que sea una plegaria específica sobre tu matrimonio:

Padre celestial:

CAPÍTULO 11

CÓMO SOBREVIVIR A UN DIVORCIO

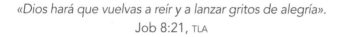

«Dios hará que vuelvas a reír y a lanzar gritos de alegría».
Job 8:21, TLA

Por lo general, las rupturas de las relaciones suelen ser muy dolorosas. La intensidad del dolor emocional que se experimenta estará asociada con la duración, profundidad de la relación, magnitud de los conflictos y el nivel de sensibilidad de la persona. Para la mayoría, suele ser una experiencia traumática, sobre todo si se han tenido hijos. Aunque hay personas que, a pesar de divorciarse sin hijos, fue un evento de veras significativo en sus vidas. En otros casos, la relación fue tan estresante que el divorcio después del temor inicial produce alivio y paz.

¿Cómo sobrevivir a un divorcio? ¿Cómo volver a reír cuando se siente que la vida ha sido tan injusta? ¿Cómo levantarse de un evento que está muy lejos del «Fueron felices para siempre»? ¿Cómo recuperarnos del hecho de que una persona que fue tan importante nunca más estará en nuestras vidas de la misma manera? ¿Por qué la experiencia del divorcio suele ser tan dolorosa? ¿Por qué después de tanto orar y tener fe, de todas maneras terminamos en divorcio? ¿Se habrá luchado lo suficiente? ¿Se pudo haber hecho algo más? ¿Cómo superar que alguien que fue tan significativo solo quedará en el recuerdo?

El efecto del divorcio comienza a vivirse desde que una de las partes toma la decisión. Un divorcio puede durar meses, y a veces años, antes de que culmine su proceso emocional. En una ruptura se dan dos dinámicas diferentes y no siempre corren de manera paralela: una es legal y la otra es psicológica.

Una vez que se comunica la decisión del divorcio, el efecto puede ser muy fuerte para quien no tomó la determinación de la ruptura. No dudo que para ambas partes sea doloroso y difícil, pero para la persona que se abandona es más devastador. Con frecuencia, este proceso es similar a un duelo y se pasan por las mismas etapas como si la persona hubiera fallecido: negación, ira, tristeza profunda, negociación, hasta llegar a la aceptación. En muchas ocasiones este duelo es muy real, no solo afectando a los miembros de la pareja, sino también a los hijos. En algunos casos, puede impactar a otros miembros de la familia que sufren también.

He escuchado a bastante gente que pasa por un divorcio, describirlo como un proceso de muerte. Es como la viudez, pero en este caso tiene la complejidad de que la persona muerta está viva y caminando por ahí. En el divorcio, de alguna manera, la otra parte falleció, y con la persona también fallecieron las metas, los sueños y las esperanzas de unos proyectos de pareja o de familia. Por eso es que ninguna persona que esté en una encrucijada sobre si debe divorciarse o no, de ninguna manera tiene que apresurarse ni tomar esta decisión a la ligera. A menos que sea un asunto de tu seguridad o la de tus hijos, la alternativa del divorcio tiene que ser la última y se deben haber agotado todos los recursos posibles.

El divorcio puede interpretarse como la pérdida de esperanza, de expectativas y de unas ilusiones que no pudieron alcanzarse. Mucha gente lo conceptualiza como un fracaso, lo que tiene un impacto directo en la autoestima. Los sentimientos de culpa suelen hacer su entrada, y esto lleva a las personas a la autoflagelación psicológica. Son frecuentes los cuestionamientos, la revisión y la autoevaluación. Puede ser un martirio el enojo que se mezcla con la nostalgia.

ÁRMATE PARA LO INEVITABLE

La ansiedad es una de las reacciones más comunes en un proceso de divorcio. Algunos tienen que recurrir a terapia para enfrentar síntomas intensos de ansiedad y alteración en los patrones del sueño, siendo el más común el insomnio. En otros, la depresión puede desarrollarse cuando la tristeza es profunda y ha durado más de dos semanas de manera intensa y persistente. La persona puede sentirse desganada, en aislamiento, con sentimientos de desánimo, desesperanza, con desilusión respecto al futuro y llanto frecuente. En un evento como este lo que dan deseos es de quedarse en la cama, en posición fetal, sin bañarse y sin abrir las ventanas. Da la impresión que las horas no corren y que los días se detienen.

En algunos casos, la depresión después del divorcio puede traer ideas de rechazo propio, de que no se fue suficiente y de hacerse daño, por lo que se puede entrar en conductas de alto riesgo. No permitas que la frustración y las heridas de un divorcio te lleven a lastimarte a ti ni a personas que amas. La gracia y la fortaleza del Señor te sostendrán. Cuando te lleguen pensamientos negativos, te recuerdo que los mejores recursos que puedes utilizar son:

- La oración.
- La lectura de la Palabra de Dios.
- La adoración al Señor.

No reprimas tu llanto. Es importante llorar. Las lágrimas son una fuente de ventilación extraordinaria. Si eres madre o padre, estoy segura que, pensando en el bienestar de tus hijos, más de una vez te hayas tragado las lágrimas o te hayas escondido para llorar. También puede ser que trataras de proteger a tus padres o hermanos de que no te vean sufrir. Sin embargo, te recuerdo que es importante que tengas espacios para llorar y hasta gritar, de ser necesario. Es muy reconfortante llorar en la presencia del Señor. Las lágrimas que no se derraman y se quedan guardadas en nuestro interior se pueden convertir en condiciones físicas y en traumas emocionales más fuertes en el futuro.

Dedicar tiempo para procesar el sufrimiento no quiere decir que seas débil o que no tengas fe. Lo imprescindible es que no te quedes atado al dolor. Este duelo debe tener una fecha de caducidad. Aferrarse al dolor es una decisión y soltarlo también es algo que se decide.

Dentro de ti está todo el poder y la autoridad dada por Dios para levantarte y seguir caminando con esperanza hacia el futuro. Debe llegar el momento en el que exclames y se haga en ti realidad la Palabra:

> *«Aquello que fue, ya es; y lo que ha de ser, fue ya; y Dios restaura lo que pasó».*
>
> Eclesiastés 3:15, RVR60

Una mujer, madre de tres hijos, trabajadora social escolar y ministra de Jesucristo, narra su experiencia de divorcio de una manera en la que creo que podrás identificarte si estás atravesando este proceso, o te ayudará a comprender mejor a una persona que amas y que vivió esta experiencia.

En el año 2007, mi vida tomó un giro inesperado por completo cuando el padre de mis tres hijos se fue del hogar que juntos construimos por años. Lo que sentí que era el final de mi vida se transformó en el comienzo de un largo proceso donde conocí a Dios como nunca antes, a pesar de haber estado toda mi vida asistiendo a la iglesia. Un divorcio es difícil sin importar los recursos que tengamos en términos emocionales, espirituales y financieros. No existe un manual de instrucciones específicas sobre lo que se debe hacer en momentos como estos.

El día que se dictó la sentencia de divorcio, quedaban atrás once años de matrimonio, de los cuales los últimos dos estuvimos separados. Allí quedaron hermosos sueños de dos jóvenes que amaban a Dios y que se juraron amor eterno. Ahora, la realidad era que terminaba la relación. Fue muy doloroso pensar que no se pudo restaurar el matrimonio. ¿Cómo era posible que todo se desvaneciera? ¿Dónde nos perdimos en el camino? ¿Cómo se nos fue el matrimonio de las manos? Preguntas y más preguntas sin respuestas que le dieran alivio a mi corazón. Sentía que caía desde un edificio hasta un vacío interminable. Literalmente me dolía el corazón y el alivio parecía muy lejos. El dolor se convirtió en el compañero de mis días y de mis noches.

Cuando comenzó el proceso, era muy difícil no poder entender lo que sucedía. De pronto, todo cambió en solo unos meses. Mi exesposo planteaba que ya no sentía lo mismo, que no me amaba y quería divorciarse. No tenía idea de lo que apenas comenzaba, pero ya Dios me estaba preparando para un largo desierto de mucho dolor. Nada de lo que pudiera hacer parecía detener la catástrofe. Pasaron unos tres meses desde que comenzó la crisis. Después de llevar a mis chicos al espectáculo de «Disney sobre hielo», vi que mi exesposo se había llevado todas sus pertenencias. Al ver que ya no estaba, me desplomé en llanto mientras le pedía fuerzas a Dios para bajar del auto a cada uno de los niños, quienes en ese entonces tenían tres, seis y ocho años de edad. Esa primera noche lloré sin parar hasta quedarme dormida. Al día siguiente, tuve que agarrar el dolor, secarme mis ojos hinchados de tanto llorar y preparar a los niños para la escuela porque la vida continuaba, aunque yo me sintiera destruida. ¿Cómo lo haría? ¿Qué debía hacer y qué no debía hacer? Solo fueron algunas de las preguntas de esa mañana.

Cuando tu esposo se va del hogar, te sientes de lo peor. La imagen de nosotras mismas se afecta. Nos sentimos feas, gordas o demasiado delgadas. Nos miramos un millón de veces al espejo tratando de convencernos de que no somos feas. Pensamos que «obviamente» algo hicimos mal o algo malo tenemos, y por eso nos dejaron. Por mucho tiempo pensé que la razón por la que me abandonaron era por ser gordita. Así que bajé de peso. El esposo no regresó y yo continuaba mirándome como la que tenía algo mal. Entonces, es cuando tienes que recurrir a lo verdadero, a la Palabra del Señor. Es necesario entender cuál es tu identidad.

En medio del dolor tenía un dilema con Dios. No quería ser irreverente, pero me preguntaba: «¿Qué sucedió? ¿Por qué a mí? ¿Por qué a nosotros?». Pensaba: «Somos buenos cristianos, servimos a Dios y tratábamos de llevar una vida buena. No se suponía que nos pasara esto. El divorcio no estaba en mi plan de vida». Tienes suficientes emociones como para sentirte que Dios se va a alejar de ti por tus reclamos y preguntas. Nuestro Padre celestial nos comprende. Está a nuestro lado durante cada etapa del proceso. En muchas ocasiones, cuando más triste me sentía, comenzaba a orar y a pedirle al Espíritu Santo que dirigiera mi clamor. Para mi sorpresa, la mayoría de las veces el Señor no me ponía a interceder por mi situación, sino por la de otros.

Enfrentarnos a la realidad de que nuestra vida cambió y de que ahora somos «madres solteras» nos causa mucho temor. Nos preguntamos: «¿Cómo voy a criar a los niños sola? ¿Cómo voy a mantenerlos y pagar las cuentas? ¿Cómo les ayudo a superar el divorcio si yo me siento hecha pedazos?». Fueron muchísimos los momentos cuando temía ante el escenario de ser una madre jefa de familia. Era una responsabilidad muy grande y sentía que era demasiada carga para una sola persona. Cada vez que enfrentaba un nuevo reto, me temblaban las rodillas, pero la verdad establecida en la Palabra de Dios me empujaba hacia el próximo paso y me guiaba en mi caminar.

Cuando enfrentamos un divorcio o una separación, una de las cosas que mayor temor produce es el empezar desde cero. De pronto, no es claro el panorama. Muchas veces, aun sabiendo que llegó el momento de hacer cambios, nos aterra el errar en la toma de decisiones. El divorcio implica empezar de cero más de una vez.

Dos meses después de haberme separado de mi exesposo me mudé a Carolina del Norte con mis hijos. Estaba muy asustada. Era otro país y no estaba cerca de mis familiares ni amistades. Dios tomó el control y nos ayudó en todo. Luego de dos años, llegó el momento de regresar a Puerto Rico. Ya el divorcio se había procesado y yo me sentía mucho más aliviada. Quería completar mi maestría en Consejería y toda la familia estaba en la isla. A pesar de que me encontraba lista para regresar, esto implicaba un cambio más en mi vida. En Carolina del Norte tenía trabajo, casa, una iglesia maravillosa y cierta estabilidad. Una vez más, allí enfrentaba la decisión de volver a empezar. Hasta cierto punto iba a dejar «mi zona de comodidad» para regresar a mi casa.

Parecía ser una decisión lógica, pero para mí era empezar otra vez, y eso me produjo demasiada ansiedad. Comencé a tratar de gestionar trabajos en Puerto Rico y a buscar alternativas. Me enfrentaba a la misma incertidumbre que había vivido dos años atrás. Hice un presupuesto estimando los gastos de vivir en Puerto Rico y, en realidad, tenía que buscar un buen trabajo para sostener a mi familia.

Estaba en una crisis nerviosa, comiendo todo lo que encontraba y pensando que tendríamos a la familia cerca, pero seríamos «más pobres». Uno de esos días le conté mi preocupación a Mrs. EJ, mi asistente de maestra de las tardes en el trabajo. Ella era una anciana de ochenta y seis años a quienes los niños amaban muchísimo. Al escuchar mi lista de miedos con el asunto del regreso a Puerto Rico, Mrs. EJ me dio una respuesta que me dejó sin argumentos. Me dijo: «Escúchame, si yo pude empezar mi vida de nuevo a los ochenta y seis años, estoy segura de que tú puedes hacerlo también». Luego, sus llorosos ojos azules me miraron y me dijo: «Vas a estar bien, me siento muy orgullosa de ti por todo lo que has logrado. Eres una mujer muy talentosa». Escuchar esas palabras de esta mujer de cabello blanco y hermosas arrugas me hizo entender que, si Dios me había ayudado una vez para irme de mi país, en esta ocasión estaría junto a mí en el regreso a mi hogar. La verdad es que el mismo Dios que te ha sostenido una y otra vez en todo lo que has vivido, te sostendrá todas las veces que tengas que comenzar de cero.

En la Palabra de Dios se repite trescientas sesenta y cinco veces la frase «No temas», una para cada día del año. Hoy solo haz lo que tengas que hacer. Dios te dará gracia día a día. Volverás a reír.

TÉCNICAS EFICACES PARA AFRONTAR EL DIVORCIO DE MANERA SALUDABLE

A la hora de afrontar el divorcio, nos viene bien hacerlo de manera tal que no nos dañe nuestra salud física, espiritual y emocional. Estas técnicas te serán de gran utilidad.

- **Acepta la situación**

  El divorcio es una pérdida en extremo significativa. En toda pérdida, como mencionamos, la fase inicial es la negación. Mientras más te tardes en esta etapa, más difícil te resultará llegar a la aceptación. Cuando el divorcio dependió de una sola parte, llegará el momento en que se debe respetar esa decisión y dejar ir a la persona con resignación. Todo esto con la esperanza de que el Señor nos dé la fortaleza para continuar en la vida sin la presencia del otro.

«Mi Señor y Dios, tú eres mi roca, mi defensor, ¡mi libertador! Tú eres mi fuerza y mi escudo, mi poderosa salvación, mi alto refugio. ¡En ti confío!».

Salmo 18:2, RVC

• Tómate un espacio

Si sientes que el proceso se ha vuelto muy tóxico para ti, es saludable tener un tiempo prudente para pensar y decidir. Es válido pedir espacio y no tomar decisiones a la ligera ante una situación que marcará tu vida para siempre. En ese tiempo, también debes evaluar lo que es justo para todos. Es bueno que cuando termine todo el proceso, sientas la paz de que obraste de manera justa. A fin de lograr esto, es importante tomarse el tiempo y no actuar bajo enojo. Dios demanda de nosotros que actuemos con justicia hacia los demás y hacia nosotros mismos.

«En esto se manifiestan los hijos de Dios, y los hijos del diablo: todo aquel que no hace justicia, y que no ama a su hermano, no es de Dios».

1 Juan 3:10, RVC

• Controla tus emociones con inteligencia emocional

El proceso del divorcio es doloroso y esto nos puede llevar a hostilidades. Nunca debes permitir que te dominen la ira y la ansiedad. Es normal sentir todo tipo de emociones y experimentar altibajos en el estado de ánimo, pero se convierte en un verdadero problema cuando esto les abre paso a las discusiones. Cuando te sientas así, respira profundo y conéctate con el Espíritu Santo para que encuentres la paz. Existen diferentes formas de comunicación con tu ex, algunas son más saludables que otras. La mejor alternativa es elegir las que te permitan pensar antes de actuar. La Biblia tiene una forma muy peculiar de referirse a este asunto:

«El impulsivo comete locuras, el juicioso mantiene la calma».

Proverbios 14:17, BLPH

- **Renuévate en el cansancio**

  Toda persona que ha pasado por un proceso de divorcio puede reconocer que uno de los mayores desafíos es el cansancio emocional, físico y espiritual que se siente. Muchos elementos dentro de la experiencia pueden resultar agotadores como: la crisis de fe, tratar de organizar los pensamientos, el mantenimiento de la casa en cuanto a las tareas, ser funcional a pesar de todo, la crianza de los hijos, el proceso legal y otros. Renueva tus fuerzas haciendo cosas que te gusten, aliméntate bien, practica algún ejercicio físico por lo menos tres veces a la semana, relaciónate con amistades saludables, activa tu red de apoyo familiar, toma vitaminas, duerme por lo menos siete horas y no más de nueve. Cuídate, ámate y valórate. Jesús dijo:

  > *«Vengan a mí todos ustedes que están cansados y agobiados, y yo les daré descanso».*
  >
  > Mateo 11:28

- **Transforma el sufrimiento en una oportunidad**

  Las angustias y los temores que se presentan después de un divorcio pueden ser muchos. Es lógico que la separación de esa persona evoque nostalgia. Hay casos donde el dolor se percibe de forma insostenible. Es vital hacer de manera intencional una renovación continua de la mente, aprovechando lo mejor de la experiencia. Como ya planteamos en este libro, toda pérdida enseña algo. Habrá días en los que sientas tristeza, agotamiento y desánimo. Sin embargo, identifica cómo cada día es una oportunidad para resurgir. Todo sufrimiento bien canalizado provocará en nosotros un fruto extraordinario. Me gusta mucho la manera en que Jesús enseña este principio:

  > *«Si el grano de trigo no cae en tierra y muere, se queda solo. Pero, si muere, produce mucho fruto».*
  >
  > Juan 12:24

- ### Perdónate

El número de personas que asisten a terapia después de un divorcio porque tienen sentimientos de culpa es bien alto. Sienten como si la responsabilidad del divorcio fuera solo suya. ¡Nada más lejos de la verdad! En la gran mayoría de los casos, ambas partes aportaron a que la relación no funcionara. El matrimonio es un asunto de dos. No te fustigues más a ti mismo con preguntas de las que no necesariamente se conocerán las respuestas cerca del proceso de divorcio. En ocasiones, pasan años hasta que llega una explicación que nos hace comprender mejor lo sucedido. ¡Todo sale a la luz! En otras, nunca se tienen todas las respuestas. Aun cuando identifiques que, en esencia, fue tu responsabilidad, la llave que te libera de la culpa es el perdón propio. Dios ya te perdonó, perdónate tú también. Dios dice en su Palabra:

> *«Yo, yo soy el que borro tus rebeliones por amor de mí mismo, y no me acordaré de tus pecados».*
>
> Isaías 43:25, RVR60

- ### Pide perdón

La acción de pedir perdón es un acto de liberación. Aun cuando sientas que la persona más lastimada, traicionada y ofendida en el proceso del divorcio seas tú, tendrá grandes beneficios para tu alma que tomes la iniciativa de decirle a la otra persona: «Perdóname». He conocido gente que sin la otra parte reconocer la forma en que le han dañado, piden perdón de todas formas. Este es un acto extraordinario de humildad que implica maravillosos beneficios espirituales, tanto para la salud mental como la física. ¿Qué dicc la Biblia sobre el trato de Dios con los humildes?

> *«Porque Jehová es excelso, y atiende al humilde, mas al altivo mira de lejos».*
>
> Salmo 138:6, RVR60

- **Perdona**

  Es muy triste ver cómo las personas que no perdonan se estancan en el tiempo. Nunca deja de sorprenderme la gente divorciada desde hace mucho tiempo, pero que aún habla con tal nivel de nostalgia y amargura que cuando le escuchas, da la sensación de que el divorcio fue hace tres días atrás y la realidad es que han pasado años. A veces, sus casas y sus vidas están detenidas. En esos casos se sugiere que todos los días se repita: «Le he perdonado en el nombre de Jesús». Hacer esta afirmación irá generando una transformación mental hasta que se convierte en un sentimiento real.

  > *«Y cuando estén orando, si tienen algo contra alguien, perdónenlo, para que también su Padre que está en el cielo les perdone a ustedes sus pecados».*
  >
  > Marcos 11:25

- **Pon en orden tus finanzas**

  Cuando ocurre una separación o se llega al divorcio, es normal que surja la necesidad de regular y controlar los gastos personales. Es recomendable preparar un presupuesto y hacer proyecciones. Después de un divorcio puede generarse un empobrecimiento de ambas partes. Ten fe de que el Señor te ayudará a levantarte económicamente. Tienes la promesa bíblica:

  > *«Joven fui, y he envejecido, y no he visto justo desamparado, ni su descendencia que mendigue pan».*
  >
  > Salmo 37:25, RVR60

- **Utiliza las actividades cotidianas como terapia**

  Uno de los retos que tienen las personas cuando pasan por un divorcio es crear una vida independiente de su ex. Cuando estamos en una relación de pareja, solemos dedicar mucho de nuestro tiempo a la relación. En estos momentos tienes el tiempo que antes no disponías. Te recomiendo que utilices ese tiempo para organizarte. Las agendas suelen ser muy eficaces para el cumplimiento de este propósito. Puedes hacer actividades nuevas en tu casa como: organizar, limpiar, pintar con colores diferentes, hacer cambios de muebles y de la posición en que están las cosas. Confecciona una lista de lugares nuevos que te gustaría visitar... ¡y visítalos! Cultiva relaciones de amistad con personas que abonen a tu crecimiento personal. ¡Diviértete!

«Olviden las cosas de antaño; ya no vivan en el pasado».
Isaías 43:10

• Trabaja en tu autoestima

Uno de los aspectos que más suele lacerarse ante la ruptura de una relación es la autoestima. Sobre todo, si fuiste la persona que dejaron. Si la disolución de la relación fue por infidelidad, de seguro que este debe ser uno de los más grandes retos que tienes. Mientras no trabajemos en nuestra autoestima cuando la hirieron, vamos a tratar de llenar ese vacío con cosas o personas que nos pueden lastimar profundamente. ¡Tú vales mucho!

«¿No se venden dos gorriones por una monedita? Sin embargo, ni uno de ellos caerá a tierra sin que lo permita el Padre; y él les tiene contados a ustedes aun los cabellos de la cabeza. Así que no tengan miedo; ustedes valen más que muchos gorriones».
Mateo 10:29-31

• Establece metas

Dedícate a diseñar nuevas metas, cosas que nunca antes hayas alcanzado. Identifica sueños que tuviste en el pasado y que no los has logrado cumplir. Este puede ser tu momento para llegar a realizarlos. Haz una lista de aspectos que deseas lograr en lo espiritual, emocional, académico, profesional, social y físico. Los sueños y las metas pueden generarte mucha ilusión. Todos necesitamos ese tipo de emociones para tener un sentido muy agradable de la vida. Puedo testificarte que los sueños con estructura, disciplina y determinación pueden convertirse en realidad para la gloria de Dios. ¡Este es tu tiempo!

«Porque yo sé muy bien los planes que tengo para ustedes —afirma el Señor—, planes de bienestar y no de calamidad, a fin de darles un futuro y una esperanza».

Jeremías 29:11

- ## Controla con eficiencia la soledad

Popularmente se ha promovido la idea de que si no se tienes una pareja, la persona está incompleta. El concepto de «la media naranja» tiene una connotación de que no estamos completos si estamos solteros. Es importante que comprendas que en Dios tú eres un ser lleno, realizado y completo. Puedes llegar a valorar y amar la soledad a tal punto que la disfrutes como un espacio muy valioso. Después de pasar por un divorcio, es importante descubrir quiénes somos, cuáles son nuestras necesidades y lo que anhelamos desde este momento en adelante. Ese descubrimiento se logra con mayor eficiencia si se está en soledad. Esto no quiere decir que se debe caer en el aislamiento, pero sí tener esos espacios para la introspección. A fin de cuentas, nunca estamos solos, pues el Señor siempre está con nosotros.

«El Señor tu Dios es el que va contigo; no te dejará ni te desamparará».

Deuteronomio 31:6, LBLA

- ## Espera antes de volverte a enamorar

Cuando estamos lidiando con la crisis del proceso del divorcio, o no hemos completado el proceso emocional de la pérdida, no es momento para tomar ninguna decisión trascendental, y esto incluye el comenzar una relación de pareja. Mientras nuestros sentimientos no estén claros y nuestros pensamientos estén desorganizados, puede resultar hasta peligroso volverse a enamorar. Cuando estamos vulnerables, no somos objetivos en cuanto a lo que necesitamos. Hay quienes que, con tal de no estar solos, escogen personas que no les convienen. No tengas prisa. Si está dentro de la voluntad de Dios, cuando menos te lo esperes, llegará una nueva persona muy especial a tu vida.

«Todo tiene su tiempo, y todo lo que se quiere debajo del cielo tiene su hora».

Eclesiastés 3:1, RVR60

EL DIVORCIO Y LOS HIJOS

Si los participantes primordiales de la relación, que son los adultos, suelen tener un impacto psicológico profundo en el divorcio, cuánto más los hijos. Sucede en muchos casos que los adultos mientras están pasando el proceso de duelo no tienen los medios, las fuerzas, ni el ánimo para manejar otro sufrimiento que no sea el suyo propio. Cada cual puede estar inmerso en el dolor, dentro de un asunto que tiene un impacto directo en su estima, identidad y estabilidad.

No podemos afirmar que todos los hijos del divorcio estén marcados emocionalmente en forma negativa. Soy de los que creen que los niños tienen una capacidad extraordinaria para adaptarse. En términos generales, casi todos sobreviven al divorcio sin la necesidad de ayuda profesional. Los adultos pueden tener la madurez espiritual y la inteligencia emocional para afrontar la ruptura de forma armoniosa y saludable. A toda costa, se deben hacer todos los esfuerzos posibles para que no se afecten en ningún sentido. Además, cuando el matrimonio ha sido contencioso, los hijos ven el divorcio como una liberación. Están en paz con el hecho de que no presenciarán más discusiones, celos, maltratos, alcoholismo, adicciones y abusos. He tenido en terapia unos cuantos hijos de la violencia que me dicen que no ven la hora en que sus padres se divorcien. Eso nos recuerda este texto bíblico:

«Pero si el incrédulo se separa, sepárese; pues no está el hermano o la hermana sujeto a servidumbre en semejante caso, sino que a paz nos llamó Dios».

1 Corintios 7:15, RVR60

Si ya estás en el proceso de la experiencia inicial, implementando la decisión o se completó el divorcio, y si aún estás en el punto rojo de una crisis emocional, debes evaluar si has estado alerta a las necesidades de tus hijos. Puedes preguntarte:

- ¿He podido evitar que el enojo con mi ex interfiera en la relación con mis hijos?
- ¿Estoy preparado para indagar si necesitan aclarar dudas sobre este doloroso proceso?
- ¿Puedo armonizar los sentimientos que en estos momentos siento por mi ex con la realidad de que sigue siendo el padre (o la madre) de mis hijos?
- ¿He logrado evitar no castigar a mi ex utilizando a mis hijos?

Aunque no es fácil, es importante que se tenga cuidado de no descargar en los hijos las emociones que se están enfrentando con el excónyuge. En la medida en que esté a tu alcance, tampoco se debe permitir que la relación de tus hijos se afecte con su papá o su mamá. Nunca les hables en forma negativa o despectiva de la otra parte. Recuerda que deben mantener una buena imagen de ambos padres, aunque no puedan funcionar juntos como pareja. Hay que cuidarse de no utilizar a los hijos para nuestros propios beneficios. Te recuerdo que tus hijos serán los más afectados en todo esto.

Mientras mejor sea el concepto que tus hijos tengan de tu excónyuge, más saludable les será la situación. Habrá cosas que descubrirán por sí mismos, pues el sol no se puede tapar con un dedo, pero cuídate de no contaminarlos con tus propias frustraciones. A menos de que sea un caso donde se viviera violencia doméstica, o la seguridad del niño o del adolescente esté en riesgo, cumple y promueve el tiempo con mamá o papá.

Te recomiendo con mucho amor que no trates de comprar a tus hijos con cosas materiales. Esto conduce a distorsionar tu relación con ellos a un punto que luego en el futuro se haga imposible disfrutarla, ya que pueden comenzar a verte solo como un signo de dólar. Sin darte cuenta, puedes alterar su visión de lo que es el concepto de amor entre dos personas. Ambas partes deben procurar servir de ejemplo para sus hijos que el amor no se compra ni se vende, sino que se ofrece con gozo, paz, humildad y gratitud.

En terapia, uno de los aspectos que más se trabaja con hijos que sobreviven a un divorcio son los sentimientos de culpa. Casi todos los niños, dependiendo de la edad, pueden pensar que provocaron la disolución o creen que pudieron hacer algo para evitarla. Incluso, pueden creer que son niños malos y comenzar a comportarse como tales. Es de suma importancia recalcarles que no tienen nada que ver con la decisión que se tomó. La decisión fue de uno de los adultos o de ambos. Suele ser un gran alivio para los niños o los adolescentes escuchar que no tuvieron nada que ver con que se decidiera terminar la relación de pareja y destacarles las cualidades maravillosas que poseen.

A los hijos solo se les da la información que pregunten. No se les debe dar más detalles. Cuando preguntan, es porque están preparados para recibir las respuestas. Sin embargo, debe velarse que, por causa del dolor emocional, el enojo o la frustración de los adultos, se les digan cosas que no necesitan escuchar o que les causarán daño a corto o largo plazo. Tu excónyuge y tú, como adultos, pueden tener muchos recursos para redirigir sus vidas, pero los hijos de ambos son dependientes para lograr satisfacer sus necesidades de protección, seguridad, estabilidad y amor.

Debes buscar ayuda profesional si observas lo siguiente:

- Hay mucha tristeza.
- Baja el rendimiento académico.
- Se aísla.
- Pierde el interés en actividades que disfrutaba.
- No quiere estar con uno de los padres.
- Procura llamar la atención.
- Sufre de dolor de cabeza.
- Toma objetos que no le pertenecen.
- Se enferma con mucha más frecuencia.
- Está irritable.

El daño del divorcio en los hijos se puede reducir en la medida que los adultos se ponen de acuerdo de que lo más sagrado, y lo que los unirá para toda la vida, son los hijos. Por encima de los intereses personales, se debe considerar la salud emocional y el bienestar físico de los hijos. Desde el inicio del proceso del divorcio, los padres deben comprometerse a estar dispuestos a revisar siempre su conducta si el otro le señala que los hijos se están afectando. Por favor, jamás permitas que la separación del otro adulto modifique, reduzca o afecte el amor por tus hijos. Al contrario, necesitan con mayor intensidad la demostración de afecto y no sentirse abandonados. Procura perdonar, sanar y ser feliz para que esto no solo se proyecte en tu vida, sino también en la de tus hijos.

Por sobre todas las cosas, refleja el testimonio de un Dios que restaura el alma y nos da paz. Sé ejemplo a la hora de mostrarles que cuando estamos pasando por situaciones complejas, Cristo siempre es un refugio seguro. Acompáñalos a orar, leer la Biblia y cantar alabanzas al Señor. Asistan a una iglesia que abone a sus procesos de sanidad interior. Confía en que el Señor los ayudará, tanto como a ti.

Oración

Padre eterno:
Te doy gracias porque tú eres mi sustento. Gracias porque cuento siempre con tu amor. ¡La inagotable fuente de tu amor me hace mucho bien! Gracias porque tu amor es personal, íntimo y poderoso. Tu amor lo cubre todo. Tu amor me restaura por completo. Tu amor enjuga cada una de mis lágrimas, sobre todo las que nadie ha visto. Antes, alguien me prometió que estaría conmigo para siempre, pero se marchó. Confié y me fallaron. Gracias porque en medio del dolor de la separación humana, puedo disfrutar de un consuelo sinigual. Hoy comprendo que solo tú lo llenas todo. En el poderoso nombre de Jesús, amén.

Afirmaciones

Te invito a que repitas las siguientes afirmaciones:

- Mientras la luz de Dios brille en mí, jamás estaré a oscuras.
- Dejo ir con paz.
- Por Cristo, estoy más fuerte que nunca.
- Nada me faltará.
- Veo el futuro con optimismo.
- Perdono, me perdono y pido perdón.
- Volveré a reír y a dar gritos de alegría.

Tus propias afirmaciones

Ejercicios para contestar, reflexionar y aplicar

1. ¿Consideras que tu divorcio está emocionalmente resuelto o ha sido un proceso complejo? ¿Por qué?

---

2. ¿Cuáles son los sentimientos que experimentas en la actualidad sobre el divorcio?

---

3. ¿En qué forma el proceso de divorcio te ha ayudado a crecer y madurar?

---

4. ¿Cuáles son las metas y los sueños que vas a desarrollar a raíz del divorcio?

_____

_____

_____

_____

5. ¿Cómo esta experiencia del divorcio te ha llevado a conocer mejor a Dios?

_____

_____

_____

_____

6. Escríbele una carta de perdón a tu ex. No necesariamente tienes que enviarla, aunque hay quienes deciden hacerlo. Lo más importante es que utilices este ejercicio como un método de liberación del dolor emocional. Puedes utilizar el siguiente ejemplo. Esta es una carta real de una de las colaboradoras en nuestro ministerio:

A mi ex:
Cuando nos casamos, pensé que era el día más feliz de mi vida. Pensé que duraría para siempre como en los cuentos de hadas. Sin embargo, no fue así, todo cambió y todo terminó de manera muy dolorosa. Por años sufrí, lloré y traté de entender. Hoy soy otra mujer gracias a él. Luego de mucho tiempo de culparte por nuestro fracaso, hoy te puedo decir: «Te perdono».

Te perdono, por romper mi corazón. Por ser indiferente cuando me dolían tus acciones y decisiones. Cuando no te importaba si lloraba o sufría. Te perdono por dejarme sola cuando te necesitaba. Te perdono por todas esas veces que otros importaban más que yo. Cuando en momentos importantes donde debiste estar a mi lado y no estuviste. Te perdono por olvidar los sueños y las metas que teníamos para el futuro y pensar solo en disfrutar el hoy. Cuando no te esforzaste para que llegáramos juntos a viejitos.

Te perdono por no ponerme en primer lugar cuando debiste hacerlo. Cuando otras cosas eran tus prioridades. Cuando me dabas las sobras de tu tiempo. Te perdono por la falta de amor. Por los detalles que nunca llegaron. Por el cariño y el amor que tanto necesité en muchas ocasiones. Te perdono porque no quiero y no puedo cargar con este bolso lleno de dolor, malos recuerdos, heridas y sufrimiento. Quiero vivir libre, quiero vivir feliz. Quiero poder correr hacia el futuro que Dios tiene planeado para mi vida y ese bolso me pesa demasiado.

Hoy te perdono por obediencia a Dios y te perdono por la sanidad de mi corazón. Te dejo libre, pero también corro libre hacia todo lo que me espera por delante.

CAPÍTULO 12

GOZO Y PAZ EN MEDIO DEL CAOS

«Pues los sufrimientos ligeros y efímeros que ahora padecemos producen una gloria eterna que vale muchísimo más que todo sufrimiento».
2 Corintios 4:17

Bueno, amado lector, ya estamos casi al final de esta jornada. Espero que fuera una travesía tan llena de bendiciones como lo fue para mí. Mi mayor anhelo es que hayas adquirido métodos eficaces para ganar la batalla en tu interior. Como hijo amado de Dios, mereces ser muy feliz. Creo que seguirás la fascinante ruta de la vida tomado de la mano de un Dios amoroso y fiel que está interesado en que estés bien.

Las circunstancias de la vida, con alta probabilidad, no dejarán de gritarte mentiras para que vivas en ansiedad o depresión. Si el estruendo del mundo fuera poco convincente a la mente para llevarla al desánimo y la angustia, no harían falta libros como este. He tenido un gran compromiso contigo para que se liberen las aves en tu cabeza, pues primero lo tuve que tener conmigo misma. Creo que esta batalla no puede ganarse con timidez, sino con toda la autoridad y el valor que nos da Cristo.

Un principio transmitido de manera recurrente en este libro fue que somos el resultado de nuestros pensamientos y de nuestras decisiones. Cuando nos resistimos a cambiar de mentalidad, transitaremos por el camino de la vida con ataduras y sufrimiento. No tengo una respuesta sobre cómo vivir libres de dolor y sufrimiento. La razón por la que no existe una respuesta es porque tampoco existe ese tipo de vida. El caos en algún momento tocará a nuestra puerta y entrará. Este no es un mensaje muy motivacional, pero la realidad es que el sufrimiento llega mientras nuestra vida sea terrenal.

LA REALIDAD DEL GOZO, LA PAZ Y LA VICTORIA

Luego de haber leído algunas descripciones de lo que es un «caos», decidí definir que *caos* es «un desorden o confusión muy grande, lo cual se siente como una destrucción segura». Son demasiadas las personas que en este tiempo se sienten confundidas, ven sus vidas como un verdadero desorden y hasta han perdido la esperanza.

Estoy convencida de que cada experiencia de dolor tiene un propósito. Cuando comprendemos este principio, podemos sentir gozo y paz en medio del caos. Una vez que lo interiorizamos, tenemos una sensación de orden en medio del desorden. Luego, al aplicarlo, nos sentiremos seguros frente a aspectos que se supone que nos confundan. Así ha sido la experiencia de una paciente con la que he estado interviniendo. En los inicios de su crisis, todo estaba muy confuso. Ahora ella afirma que el propósito fue que conociera de manera más profunda a Dios y que lograra liberarse de algunos asuntos de su carácter que le hacían mucho daño.

La sorpresiva decisión de su esposo al irse de la casa y un abandono total de su parte, fue un verdadero caos para esta mujer. El proceso ha estado impregnado de incertidumbres y de preguntas sin respuestas. A todo esto se combina la preocupación por tratar de estar lo mejor posible, pues es sobreviviente de cáncer y tiene un hijo. Sin embargo, el Señor se encargó de afirmarle: «Aunque estés pasando por tanto sufrimiento, te demuestro que en medio del dolor, yo estoy contigo». Dios suele utilizar nuestros momentos de mayor quebrantamiento para hablarnos de forma poderosa. Cuando hay voz del Señor en medio del caos, podemos estar tranquilos y con el mejor de los ánimos.

En una de sus terapias me narró algo que le ocurrió. Una experiencia que no es para nada común. Durante el tiempo de separación, no se había quitado nunca su anillo de matrimonio. Un día, el dedo anular de la mano izquierda donde tenía el anillo, comenzó a hincharse de forma exagerada. El aro de matrimonio se utiliza en ese dedo porque es simbólico, ya que tiene una vena que llega directo hasta el corazón. Me impactaron las palabras que utilizó en su descripción: «Sentía que tenía ese dedo estrangulado». Tuvo que ir a un lugar donde le cortaran el anillo para liberarse de la angustia. De todas formas, este acontecimiento le dejó una enorme marca.

Al pasar los días, su mamá quiso regalarle una sortija, sin conocer todos los detalles de lo vivido. Escogió una con una piedra amatista. Lo curioso es que esta piedra preciosa suele ser lila y la suya era verde claro. Esto le dio curiosidad y buscó información. Encontró que la amatista verde adquiere ese color después de estar a altas temperaturas dentro de la tierra. La Biblia dice que nosotros somos probados en el horno de fuego del sufrimiento (lee Proverbios 17:3). Aún las circunstancias no están muy claras para esta hermosa y valiente paciente. Sin embargo, está segura de que el Señor se encuentra en medio del caos, atendiéndola en forma personal, y esto es más que suficiente para sentirse victoriosa en medio de la prueba.

PREPARADA PARA GANAR BATALLAS DESDE ANTES DE NACER

Una gran amiga ha sido sobreviviente a lo largo de su vida en distintas experiencias donde ha atravesado verdaderos caos. Su fe en el Señor y su perseverancia la han ayudado a navegar por aguas victoriosas a pesar de los maremotos. Creo que hay algunas situaciones que atravesó con las que podrías identificarte. Es más, podrías dar una mirada retrospectiva a tu historia y reconocer lo valiente que has sido.

Mi amiga refiere que su madre era una mujer pequeña de estatura y de corazón grande. Estando casada con su papá, quedó embarazada y ella fue una de las gemelas por venir. Recuerda una fotografía de su mamá a los ocho meses de gestación. Modelaba un vestido blanco de lazo negro alrededor del cuello como recién sacado de una casa de modas. Su cabello estaba arreglado a la perfección en un recogido y, por supuesto, llevaba los zapatos de tacón que le encantaban. Tenía una sonrisa hermosa y una piel de terciopelo. En el escenario perfecto de esa foto se destacaba su vientre abultado y su mirada reflejaba el peso de los seres que esperaba.

En plena temporada navideña y justo a las 11:14 a. m. de un diciembre en el Caribe tropical de Puerto Rico nació ella. Su hermana nació a las 11:00 a. m. y su peso fue de tan solo 2,26 kilos. Mi amiga llegó al mundo más pequeñita de lo esperado, pesando tan solo 1,3 kilos. El tamaño de sus cuerpecitos era tan pequeño que su padre podía sostenerlas en su antebrazo.

Estando en el vientre de su madre tuvo algunas complicaciones. Al nacer, no pudo respirar por sí misma y los médicos especialistas no le daban seguridad de vida, ya que los pulmones no abrieron lo suficiente para permitir el libre flujo de oxígeno. Su familia regresó a la casa sin ella, pues se tuvo que quedar en el hospital. Permaneció allí para tratamientos, los cuales no resolvieron su situación. Al cabo de unos días, un pediatra especialista en alumbramientos de alto riesgo recurrió a una técnica no convencional que decidiría el futuro de sus pulmones. El doctor pegó su boca a la boca de la bebé y sopló. Sus pulmones se abrieron y, desafiando los métodos científicos, pudo respirar por sí misma. Mi amiga ganó la batalla. No murió, sino que vivió para contar sobre las obras del Señor.

¿Tú eres de las personas que desde el vientre ha vencido para la gloria de Dios? Si tu respuesta es afirmativa, es una buena técnica que ante los caos de la vida presente le recuerdes a tu alma que desde antes de nacer estabas teniendo victorias.

Pasados los años, mi amiga entendió que para llegar al mundo recibió dos alientos de vida: el de Dios y el del atrevido médico que creyó en su vida. Regresó a su casa un 6 de enero, justo para celebrar la fiesta de los Tres Reyes Magos en familia. Cuenta su padre que, al recibir la noticia, cayó de rodillas en el pasillo del hospital agradeciéndole a Dios poder llevarse a su pequeña. La oración de gratitud por el triunfo ante el caos es una de las más poderosas.

Al crecer, le encantaba soñar dormida y despierta. Siempre admiró las bellas artes, los cantantes y los escenarios. Le gustaba la alegría, imaginaba la vida y veía en su mente muchos de sus deseos ya cumplidos. Cuando tenía cerca de catorce años, ya eran tres hermanos cuando vivieron el divorcio de sus padres. Experimentaron una transición familiar y, como toda separación, hubo tropiezos y momentos muy difíciles. Sin darse cuenta, la pérdida comenzó a ejercer su influencia en ella.

La vida siguió transcurriendo y llegó a la universidad donde completó un grado de Bachillerato en Economía. Después, continuó sus estudios en Maestría mientras completaba los trámites a fin de presentar la solicitud en la Escuela de Derecho. En cierta forma, se orientó en ese campo porque le gustaba aprender. En los años de estudio tuvo aciertos y desaciertos. El temor hacía su aparición a través de la ansiedad, al no atreverse a realizar cosas que estaban en su corazón. Continuó esforzándose y pasó los exámenes de reválida para ejercer la carrera como abogada.

En esa etapa de su vida conoció de primera mano la disciplina férrea para luchar por una meta hasta alcanzarla. Mientras eso sucedía, contrajo matrimonio. Tras años de altibajos, la relación terminó de repente. Fue una de esas relaciones que terminar es el único resultado lógico y saludable para ambas partes. A dos meses de consumarse el divorcio y todavía lidiando con la separación, llegó el Día de las Madres del año 2001. En ese mismo día ingresaron a su mamá en el hospital, y con la rapidez pasmosa de una película en cámara rápida, a pocas horas de su ingreso ya estaba bajo sedación en la unidad de cuidados intensivos. Los regalos del Día de Madres se quedaron en el asiento posterior del auto donde la trasladaron al hospital. Al otro día, su mamá se fue a vivir en la presencia del Señor. Su mamá se fue con Jesús y un pedazo del corazón de mi amiga también se fue en ese momento.

No estaba preparada para afrontar la muerte, sobre todo la de su madre. En esos días se esforzó por ser un ejemplo de serenidad y lo logró. Sin embargo, sentía que las escenas en el cementerio y los procesos para sepultar sus restos la abrumaban. Por días, semanas y meses anhelaba viajar a algún lugar del mundo y encontrarla allí, pero no estaba. En sus conversaciones más íntimas con Dios le pedía que se la prestara por solo un minuto para decirle cuánto la amaba. Siempre digo en conferencias y en los medios de comunicación, donde tengo la oportunidad de ser entrevistada, que las pérdidas de figuras significativas suelen doler mucho. Exhorto a las personas a que hagan de sus relaciones interpersonales unas llenas de elogios, gratitud y amor para que cuando llegue el momento en el que esas personas no estén presentes físicamente, duela menos. Es de suma importancia expresarles en vida a nuestros seres queridos lo que sentimos. Aun cuando lo hayamos hecho, como lo fue en el caso de mi amiga, va a doler, pero no habrá sentimientos de culpa.

El divorcio y la muerte de su madre casi simultáneos la adentraron en sentimientos de soledad, rechazo, preocupación y ansiedad. Mientras esto ocurría, continuó impulsando la vida como de costumbre y sin detenerse, pero llegó el punto de quiebre. De la tristeza y la ansiedad a la depresión fue un paso. El temor a la muerte se presentó como un gigante y los ataques de pánico fueron invitados indeseados. Cuando buscó en su interior, no encontró la fuerza emocional para combatir lo que vivía en ese momento.

En este paréntesis emocional de su existencia recuerda que acudió varias veces al hospital con taquicardia, grandes dosis de ansiedad y la sensación de que pronto moriría. El miedo a la muerte llegó y no sabía cómo despedirlo. Fue irónico, pues acudía al hospital a pesar de que no toleraba estar cerca de ninguno. Por muchos meses evadió transitar cerca al hospital donde falleció su madre. Hay etapas en la vida que nos intentan secuestrar el alma. La depresión y la ansiedad no distinguen persona, lugar, profesión ni oficio.

Con la depresión llegó la pérdida de peso, falta de apetito y otros síntomas físicos; vivir así le resultaba muy extenuante. De alguna forma sentía que poco a poco los sueños, la alegría y el potencial que disfrutaba de sí misma se desvanecían en la ansiedad y el pánico. Sin embargo, seguía aferrándose a vivir. Buscó asistencia médica que la ayudó a fortalecer su cuerpo, alimentarlo con buenos nutrientes, a regular el ejercicio y a alcanzar un peso saludable. Comprendió lo importante de darle al alma un cuerpo fortalecido que le ayude a superar los períodos de tormenta. También buscó ayuda para el estado de sus emociones, quería sanar esa tristeza profunda que nunca antes experimentó.

En esa época siempre estuvo clara de la importancia de cuidar su alma, pero experimentó momentos donde la ansiedad por el futuro tenía lugar y solo las lágrimas la liberaban. Sentía que el miedo llegaba para abrumarla y se consideraba como una marioneta de su voluntad. Cuando se presentan los temores repentinos es que se seca la garganta y se acelera el pulso. Mientras más maduraba, mi amiga se daba cuenta de que el miedo y la ansiedad estaban presentes en personas cercanas a ella. Por momentos parecía normal vivir ansiosos y preocupados. Hasta pudo ver su futuro desvanecerse por la ansiedad y la depresión. Aun así, siempre notó que eran personas de admirar y ejemplos de gran superación.

Con ánimo y expectativa acudió a una cita en un importante centro de ayuda. Lindamente arreglada llegó al lugar y el escenario ante sus ojos fue un desafío. Observó jóvenes de varias edades con sus emociones muy lastimadas. Algunos sufrían el rechazo de sus seres queridos, otros estaban maltrechos por el acoso y aun otros afrontaban experiencias sin superar de la niñez.

Caminó por el impecable pasillo y observó los cuadros colgados a ambos lados de las paredes. Al fondo alcanzó a ver una bella joven, muy contenta, que demostraba su alegría dando saltos en el pasillo. A los pocos minutos, la misma joven lloraba desconsolada y una gran tristeza se revelaba en su rostro. Comprendió que, al igual que ella, esa joven sentía su alma rota.

Estando en terapia de grupo, a los pacientes se les animó a que expresaran sus sentimientos. Al cabo de un rato, ya había escuchado cómo aconsejaban a un joven que intentaba quemar las suelas de sus zapatos con un encendedor. No puede asegurar que ese día se sintiera mejor, pero sí experimentó la compasión por otras personas que pasaban por lo mismo. Hasta que la ansiedad le recordó que ella misma estaba allí porque formaba parte de ese grupo.

Al salir de ese centro de ayuda para la salud mental, se comunicó con la oficina del cardiólogo que la trataba en esa época. Después de realizarle un electrocardiograma por la taquicardia que reflejaba el monitor, el médico la invitó con amabilidad a su oficina. El camino hacia el despacho del médico le pareció interminable. Estando sentada frente a su escritorio, su imponente bata blanca, el estetoscopio al cuello y los múltiples diplomas colgados en la pared, acentuaban su credibilidad. Esperando una explicación científica, con una firmeza adornada con dulzura le dijo: «Nunca he visto un corazón tan sano».

Acto seguido, y mirándole a los ojos, le contó de forma discreta sobre una enfermedad que padeció su esposa y los desafíos que vivió entre su conocimiento científico y su fe. Le dijo que Dios sanó a su esposa cuando había pocas esperanzas de recuperación. El cardiólogo terminó su monólogo diciéndole: «Tus exámenes físicos muestran que eres una persona saludable. Busca de Dios, esa es mi recomendación para ti». Mi amiga siguió ese consejo, el mejor de todos, y buscó a Dios. Diez años más tarde, regresó a su consultorio solo para decirle que había seguido su recomendación. Buscó a Dios y encontró a Jesús.

Recuerda haber hablado con Dios de forma sencilla, diciéndole: «Ayúdame, Señor», las palabras más transparentes que enviara al cielo. Es más, hoy todavía es una de las oraciones más genuinas que salen de su corazón. Pasado un tiempo, visitó una iglesia para escuchar la Palabra de Dios. Conocer sobre Jesús añadió un consuelo que no conocía. El pánico fue menos frecuente y la ansiedad disminuía a medida que procesaba las pérdidas. Poco a poco comenzó a reír y a animarse de nuevo por la vida, a la vez que el peso de la angustia se levantaba de sus hombros.

Pasado el tiempo, y estando casada en un segundo matrimonio, tuvo la ilusión de tener una familia. Ser madre era un sueño para ella. Después de muchos intentos, tratamientos y varias revisiones médicas, recibió el diagnóstico de fallo ovárico prematuro. Llegado el día de conocer el resultado de las pruebas, acudió a la clínica, muy elegantemente decorada de blanco y equipada con alta tecnología.

El dictamen médico reveló que, aun siendo joven, sus ovarios carecían de óvulos hábiles para procrear y el sistema hormonal no podría sostener una criatura en su vientre hasta el alumbramiento. Se trata de una condición que estadísticamente se ubica en un porcentaje bajo de mujeres en edad reproductiva.

Había intentado con todas sus ansias lograr ser mamá por la vía natural, pero el agotamiento físico y mental le dificultaba asimilar la noticia. Recuerda que mientras conducía el auto hacia la casa e intentaba razonar los planes futuros, su alma no pudo más. Comenzó a llorar con una intensidad donde los gemidos de su corazón ocuparon la atmósfera de su auto.

En ocasiones, evitaba acudir a celebraciones del Día de las Madres. Fue una lucha de fe contra el cansancio y las expectativas sobre la vida. Por distintas razones, ser madre por el milagro de la adopción tampoco se pudo considerar como una alternativa de amor. Pasado algún tiempo comprendió que su Padre celestial conocía los deseos de su corazón y la convirtió en tía o, según se conoce en Puerto Rico, Tití.

Así que aprendió a dar el biberón, cambiar pañales, a besar pies recién nacidos y a velar el sueño de una recién nacida. Ha podido ir a recitales escolares, celebrar la entrega de calificaciones y esperar la llegada de regalos en Navidad. Ha cantado y bailado las mismas canciones varias veces. Aprendió a consolar el llanto por la pérdida de un juguete, a lavar uniformes y a cepillar un cabello hermosamente enredado. Conoce la emoción de escuchar con voz dulce un: *Tití te amo*. Su Padre celestial sí escuchó su corazón de mamá, por lo que está sinceramente agradecida.

La depresión y la ansiedad no abarcan toda su historia. Su vida ha estado llena de alegrías y plenitud, éxitos profesionales y personales. Como cualquier ser humano, con el pasar del tiempo también ha vivido desafíos y fuertes tristezas. Ya no las interpreta como solía hacerlo, pues no es la misma persona de antes. Ha madurado de manera emocional y ha crecido en lo espiritual. Haber vivido la depresión le ayudó a determinar que es un lugar al que no quiere regresar. Una virtud que le agradece a Dios es el deseo de volver a intentarlo; y negarse a aceptar que el final de su vida esté a cargo de la frustración, la ansiedad y el miedo. Cuanto más determina seguir adelante, ¡más depende de la gracia de Dios!

En la actualidad, esta extraordinaria amiga es una de las colaboradoras más importantes en nuestro ministerio. Sanó en su interior, y en estos momentos ayuda a otros a sanar su alma, sobre todo a mujeres. Lo que aprendió en el caos, ahora es agua de riego para semillas que necesitan crecer y florecer. ¡Gloria Dios!

UNA ESCUELA LLAMADA CAOS

En medio del caos, nos es muy conveniente agradecer las lecciones recibidas. El aprendizaje es uno de los principales propósitos de las experiencias complejas de la vida. No se debe huir de esas enseñanzas, pues tienen un valor incalculable. Las lecciones en medio del quebrantamiento son grandes tesoros.

No existe la universidad en el mundo que nos enseñe más que cuando estamos en «el valle de sombra de muerte». Cuando a mis pacientes se les hace difícil entender el propósito del caos en sus vidas, les hago la pregunta: «¿Qué es lo que has aprendido en medio de la experiencia que estás atravesando?». ¡Siempre el aprendizaje es una bendición!

En mis propias experiencias de dolor emocional, me causa satisfacción ver desarrollarse algún lado de mi carácter, modificarse algo de mi temperamento y crecer espiritualmente como resultado de los caos vividos. Me alegra ver que son una oportunidad para crecer en la fe y para descubrir características de Dios que no conocía.

Le pedí a mi buena amiga, colaboradora del ministerio, que me dijera lo que había aprendido a través de las pérdidas y desafíos que ha atravesado. Espero que sus respuestas te ayuden a identificar tus aprendizajes.

Veamos qué fue lo que me dijo:

- Aprendí que la mejor decisión fue la de recibir a Jesús. Él sabe corregir los pedazos de un corazón roto.

- Aprendí que es necesario buscar y mantener la ayuda adecuada. Esto incluye cuidar el cuerpo con descanso, alimentación sana y distracción.
- Aprendí que las decisiones son una medicina. Esta enseñanza es una de mis favoritas. Habrá que tomar decisiones para alejarnos de situaciones o personas; y decisiones para acercarnos a otras. Hay vidas que nos enseñan y otras que nos advierten.
- Aprendí que el amor propio no es egoísmo, y que amarme es cuidar a la persona más cercana que Dios puso a mi cargo: yo misma.
- Aprendí que ser yo misma es una aventura, después de todo viviré acompañada por mí hasta el día en el que Dios me llame a su presencia.
- Aprendí la importancia de establecer límites con situaciones, personas y lugares. Amar, respetar y permitir abusos no son sinónimos.
- Aprendí a no dejar de ser yo para intentar parecerme a las expectativas de otra persona sobre mí.
- Aprendí a deshacerme de las enseñanzas que imponen perfección. No soy perfecta y nunca lo seré. En su lugar, disfruto dar mi mejor esfuerzo con excelencia.
- Aprendí a admirar la belleza, la prosperidad y las habilidades en otros de igual forma que admiro mi sonrisa, mi cabello y mi estatura.
- Aprendí que un día malo no significa que todo se perdió, sino que hay una nueva oportunidad para empezar.
- Aprendí a renunciar a los *debí, pude haber hecho, tenía que, se supone que hicieras, debiste o tenías que*, pues esto añade cargas muy pesadas.
- Aprendí que la firmeza y la dulzura pueden convivir. Un *no* o un *sí* dicho a tiempo pueden cambiar el destino de la vida.
- Aprendí a no permitir que nadie me meta en su caja, según dice el dicho popular. El tamaño de la caja casi siempre tiene el tamaño de sus creencias.

- Aprendí a tener voz propia y a hacerla escuchar con el arte del respeto.
- Aprendí que Cristo es el ser más libre de la historia y que mis debilidades son su escenario para verlo revestirme de su amor.
- Aprendí que, a no ser por Jesús, no podría narrar este espacio de mi historia como algo del pasado.
- Aprendí que nací para ganar y respirar una vez más. Seguimos, hay vida y eso basta.

Te pregunto, mi amado lector: ¿Qué has aprendido tú? Escríbelo a continuación:

LAS LECCIONES DEL QUEBRANTAMIENTO

Las lecciones en el quebrantamiento tienen un gran alcance. Así es la historia de Horatio Spafford, el autor del legendario himno: *Estoy bien*. Cuando se escribe al cabo de varios acontecimientos traumáticos, el fruto suele ser muy glorioso. En 1871, Spafford sufre la muerte de su único hijo. Luego, como resultado de una mala operación financiera, se evaporó una fuerte suma de dinero que había invertido. Meses más tarde, en el mismo año, un inmenso incendio en Chicago consume gran parte de sus bienes personales. Esto lo llevó a la ruina financiera.

Decidió viajar a Europa con su familia en un trasatlántico, con el objetivo de descansar y visitar a sus amistades en Inglaterra. Sin embargo, a último momento decidió enviar a la familia primero mientras él se demoró tratando de resolver sus asuntos económicos utilizando sus conocimientos como abogado. Durante la travesía, el barco en el que viajaba su esposa y sus hijas fue embestido y se hundió en apenas doce minutos. Gran parte de los pasajeros y la tripulación del barco no pudieron salir del mismo y se ahogaron en las aguas del océano. Entre las víctimas fatales estaban las cuatro hijas de Spafford. Su esposa logró sobrevivir y llegar a la costa oeste de las islas británicas, desde donde le envió a su esposo un telegrama donde escribió: «ÚNICA SALVA, pero estoy bien. Tengo paz en mi ser, gloria a Dios».

Spafford tomó el primer barco y viajó para encontrarse con su esposa. ¡Cuán trágica tuvo que haber sido la experiencia que después de la muerte de su primer hijo, quedara en bancarrota y fallecieran también sus cuatro hijas el mismo día! Cuando navegó de nuevo en las aguas por donde se ahogaron sus hijas, escribió este himno que ha sido de mucha bendición a las vidas de millones de personas a través de los años. La afirmación «Estoy bien» por encima de todo es un cántico de victoria que manifiesta que es posible ganar la batalla en nuestro interior. ¡Nunca te rindas! Gana la batalla en tu interior.

Estoy bien

De paz inundada mi senda ya esté
O cúbrala un mar de aflicción,
Cualquiera que sea mi suerte, diré:
Estoy bien, tengo paz, ¡Gloria a Dios!

Coro:
Estoy bien,
¡Gloria a Dios!,
tengo paz en mi ser,
¡Gloria a Dios!

Ya venga la prueba o me tiente Satán,
No amenguan mi fe ni mi amor;
Pues Cristo comprende mis luchas, mi afán,
Y su sangre obrará en mi favor.

Feliz yo me siento al saber que Jesús
Libróme de yugo opresor;
Quitó mi pecado, clavólo en la cruz:

Gloria demos al buen Salvador.
La fe tornaráse en feliz realidad
Al irse la niebla veloz;
Desciende Jesús con su gran majestad,
¡Aleluya, estoy bien con mi Dios!

Oración

Amante Dios, de fuerza y poder:
¡Qué alivio tan gratificante saber que en ti puedo confiar! Las estaciones siguen tu plan, bajo tu mando se mueven los vientos. Las mareas suben y bajan por causa de tu voz. En todas las cosas y en todos los tiempos, ayúdame a recordar que aun cuando la vida parece oscura y tormentosa, tú estás en el barco conmigo. No permitas que me desespere, sin importar cuán fuerte vea la tormenta. Tú lo gobiernas todo. Guíame hacia la seguridad. Ayúdame a derivar las lecciones importantes de cada experiencia de la vida. Guíame a descubrir sus propósitos. Creo que, en el corazón de cualquier tormenta, aun de las más furiosas, vive una latente primavera. En tus manos estoy bien, sí, muy bien. ¡Gloria a ti! En el poderoso nombre de Jesús, amén.

Afirmaciones

Te invito a que repitas las siguientes afirmaciones:

- Gracias por este momento.
- Gracias por la belleza que se encuentra en todo.
- Gracias por cada experiencia que he vivido porque de todo he aprendido.
- Gracias por la capacidad de transformar los aspectos negativos en positivos.
- Gracias porque ahora estoy más claro sobre lo que quiero y lo que no quiero en mi vida.
- Gracias por el tiempo invertido en la lectura de este libro.
- Gracias por lo que vendrá.

Tus propias afirmaciones

_____
_____
_____
_____
_____
_____

Ejercicios para contestar, reflexionar y aplicar

1. ¿Cuáles son las tres experiencias más dolorosas en tu vida?

a. _____

b. _____

c. _____

2. ¿Qué has aprendido de cada una de ellas?

a. _____

b. _____

c. _____

3. ¿Qué propósitos has descubierto?

a. _____

b. _____

c. _____

4. ¿Con qué cuentas para ganar las batallas en tu interior?

_____
_____
_____
_____

5. ¿Cómo puedes tener gozo y paz en medio del caos?

_____

_____

_____

_____

6. Escribe una carta para ti mismo con compromisos de cómo vas a vivir tu vida de ahora en adelante:

_____

_____

_____

_____

_____

_____

_____

_____

7. Mírate al espejo y repite: «He ganado la batalla en mi interior».

AGRADECIMIENTOS

En este libro está la huella del Espíritu Santo, pero también la intervención de personas muy bellas que aman al Señor y que dieron sus aportes con sabiduría y entusiasmo para que este proyecto sea una realidad.

Luis Armando, esposo mío, el que acelera mi corazón. Tu don de servicio me ha sido de gran bendición. La humildad, excelencia, sabiduría, inteligencia y el compromiso con los que asumes el trabajo ministerial puesto en nuestras manos es admirable. Gracias porque siempre me impulsas para que los propósitos perfectos de Dios se cumplan en mi vida y uno de ellos es este libro. Gracias por tu apoyo, con palabras y con hechos, en las largas horas de escritura. Si he logrado algo en esta vida es gracias al favor de Dios, a lo que sembraron mis padres y a ti.

Adrián Emmanuel, hijo mío, el más bello regalo del cielo. Mi mayor oración contestada. Desde que llegaste, he escrito en todos mis libros sobre ti. ¡Tú valentía, amor y forma de ver la vida me inspiran!

Dalia Rubí, amada hermana, me siento bendecida de poder contar con tu bello corazón y tu admirable cerebro. Gracias por siempre decir que «sí» para escribir el prefacio en cada uno de mis libros. Todos están llenos de transparencia, genuinidad, pureza y amor. Sin embargo, este es muy especial, pues contiene la revelación de un pasillo muy íntimo de nuestro interior.

Ricky Feliciano, tu apoyo en todos estos años ha sido de mucho crecimiento. Aún recuerdo el día en que hablábamos de la necesidad y la importancia de un libro sobre depresión y ansiedad. Salió el título y muchas ideas. ¡Te respeto y admiro!

Editorial Unilit, me emocioné muchísimo cuando recibí la llamada de tan prestigiosa editorial, a fin de que les enviara una propuesta para un libro. De inmediato, mostraron interés y se comprometieron con el tema. Sentí ese acercamiento como un regalo del Señor. Gracias por creer en este proyecto.

Lorraine Blancovitch, quien trabajó conmigo mano a mano con sensibilidad, diligencia y buen humor. Cada conversación fue una bendición que me llenaba de emoción.

Mis pacientes que han contribuido con sus historias de vida. Estoy enormemente agradecida por exponer sus dolores, retos, pruebas, pero sobre todo sus triunfos. Son forjadores de esperanza. Al conocer lo que ustedes vencieron, miles de personas que tendrán este libro en sus manos sentirán el impulso, la inspiración y la motivación para seguir adelante hacia su sanidad interior. Gracias por ser mis más grandes maestros.

ACERCA DE LA AUTORA

La **Dra. Lis Milland,** consejera profesional, profesora universitaria, conferenciante y comunicadora, cuenta con un doctorado en Consejería Profesional de la Universidad Interamericana y una maestría en Trabajo Social de la Universidad de Puerto Rico. Está certificada en distintas técnicas poco tradicionales para la terapia clínica de pacientes con depresión, trastornos de ansiedad y problemas de abuso de sustancias.

Fundó y dirige el Centro de Consejería Armonía Integral, Inc. Como terapeuta clínica, ha atendido a más de veinte mil casos en Puerto Rico y en el extranjero. Además, ha sido misionera en Honduras, Ecuador, El Salvador, Islas Vírgenes y en tribus indígenas de la selva panameña. En estos lugares ha implementado la consejería grupal con base Teocéntrica.

En Puerto Rico participa como moderadora en distintos medios de comunicación, radio y prensa escrita. Desde hace más de diez años tiene un segmento dirigido a la mujer en la emisora radial Nueva Vida 97.7 FM.

La Dra. Milland es la autora de varios libros éxitos de venta en los que se incluyen, entre otros, *Vive libre, vive feliz* (2014); *El perfil psicológico de Jesús* (2016) y *Lo que la pérdida no te puede quitar* (2018, Casa Creación), el cual tuvo tres nominaciones en los Premios SEPA (2019) como «Mejor Libro de Vida Cristiana», «Mejor Libro Original en Español» y «Mejor Libro del Año»; y *Mujer, conoce tu valor y vive con propósito* (2020, Casa Creación).

Todos sus libros se mantuvieron de manera constante en la lista de «Los más vendidos» de la editorial. También creó el CD «Sentidos Abiertos» (2010) que contiene estrategias para la relajación mental, el CD para niños «Corazón Feliz» (2013), el libro de cuentos para niños *Nací para ser feliz* (2014) y la agenda para la mujer: *Sanidad interior para cada día del año* (2015).

Realiza talleres de sanidad interior para la mujer puertorriqueña libres de costo. Cada año produce el Encuentro Nacional de Mujeres al que asisten más de tres mil participantes. En dos ocasiones, la Cámara de Representantes del Gobierno de Puerto Rico le ha otorgado una proclama de reconocimiento por su dedicación y esmero en favor de la salud mental.

Está casada con el catedrático universitario y abogado, el Dr. Luis Armando Rivera. Ambos son los orgullosos padres de Adrián Emmanuel. Residen en San Juan, Puerto Rico.

La Dra. Lis Milland realiza talleres de Sanidad Interior a nivel internacional, siempre reforzando un mismo mensaje: «La felicidad es una elección. Puedes ser feliz, independientemente de tus circunstancias».

Para más información o para comunicarte con la Dra. Lis Milland, puedes hacerlo a través de estos medios:

Teléfono: (787) 396-8307
Correo electrónico: dralismilland1@gmail.com
Facebook: Lis Milland/ @dralismilland
Twitter: @lis_milland
www.decidiserfeliz.com